对话胡雪岩

曹磊　江涛　编著

中华工商联合出版社

图书在版编目（CIP）数据

对话胡雪岩 / 曹磊，江涛编著 . -- 2 版 . -- 北京：中华工商联合出版社，2018.8（2021.7 重印）

ISBN 978-7-5158-2371-3

Ⅰ . ①对… Ⅱ . ①曹… ②江… Ⅲ . ①胡雪岩（1823–1885）—人物研究 Ⅳ . ① K825.3

中国版本图书馆 CIP 数据核字（2018）第 133985 号

对话胡雪岩

编　　著：曹　磊　江　涛
责任编辑：李　瑛　袁一鸣
装帧设计：北京东方视点数据技术有限公司
责任审读：李　征
责任印制：迈致红
出版发行：中华工商联合出版社有限责任公司
印　　刷：唐山富达印务有限公司
版　　次：2018 年 9 月第 2 版
印　　次：2021 年 7 月第 2 次印刷
开　　本：710mm × 1020mm　1/16
字　　数：200 千字
印　　张：14
书　　号：ISBN 978-7-5158-2371-3
定　　价：78.00 元

服务热线：010-58301130
销售热线：010-58302813
地址邮编：北京市西城区西环广场 A 座
19–20 层，100044
http: //www.chgslcbs.cn
E-mail: cicap1202@sina.com（营销中心）
E-mail: gslzbs@sina.com（总编室）

胡雪岩小传

胡雪岩生于1823年，本名胡光墉，雪岩是他的字。关于胡雪岩的出生地，向来有两个版本，一说是浙江杭州，一说是安徽绩溪，但后世一般公认是在安徽绩溪。1838年，因为一个偶然的机会，胡雪岩进入钱庄当学徒，深得老板信任和栽培。1846年，因为挪用500两银子公款用于资助落魄文人王有龄，胡雪岩被迫离开信和钱庄。1860年，胡雪岩当时供职的钱庄的于姓老板去世。由于自己没有儿子，对胡雪岩又非常看中，于老板就将钱庄赠给了胡雪岩，胡雪岩在此基础上建立了阜康钱庄。1860年，太平军攻克杭州。胡雪岩从上海、宁波购运军火、粮米等物资接济清朝军队，由此结识了清廷重臣左宗棠，登上了人生的最高峰。1872年，阜康钱庄分号已达到二十多处，遍布于大江南北。此时的胡雪岩因为资助左宗棠西征有功，被授为江西候补道，赐黄马褂。也是在这一年，胡雪岩筹办了胡庆余堂雪记国药号，济世救民。1882年，由于意识到国外对中国生丝的大量需求，胡雪岩在上海开办蚕丝行，高价收购国内的生丝，企图垄断生丝贸易，制衡洋商。由于国内情势所迫，再加上洋人的恶意拒买，胡雪岩大大地亏了本儿，导致各地商号倒闭，家产变卖，胡庆余堂被迫关闭，他本人也随同自己的商业帝国一起告别人世。

总而言之，胡雪岩的一生颇具传奇色彩。利用偶然的机会，他从一名放牛娃成了钱庄学徒，然后又从钱庄里的小角色，一跃成为官居二品、头戴红顶子、身穿黄马褂、拥资数千万两白银的一代巨贾，就连向来鄙视商人的晚清名臣左宗棠也在给朝廷的奏折里称赞他为“商贾奇男子”。胡雪岩由此成了中国几千年封建社会历史中唯一一位戴红顶子的商人。作为成功的商业家，作为被后世不断研究、膜拜的“商圣”，胡雪岩拥有着过人的商业才能。他有胆有识，在商场中把握商机、运筹帷幄，淋漓尽致地体现出了一位精明商人的基本素养。

本书将要讲述的就是这一系列与胡雪岩息息相关，同时又极具启发、借鉴意义的逸闻趣事。希望各位读者在和这位“红顶商人”隔空对话的过程中，能够给自己的工作、生活带来有益的启迪。

目　录

义利双行　善庆有余

商道乃人道，经商先应仁。

——胡雪岩

无商不奸，那是谣传。在胡雪岩看来，做生意和做人在本质上是一样的，都要讲信义。礼义廉耻是中国人做人的基础，更是中国传统商人做生意的基础。胡雪岩之所以能够做大、做强，成为一代商圣，首先就在于他知道应该如何做人。

重义轻利不吃亏

笔者问曰：商人重利，天经地义，讲义气是否就会吃亏？

胡雪岩答曰：拿了会觉烫手的钱，即使再多也不能沾，否则会自取灭亡。

商人重利，天经地义。在商场打拼的人，没有几个不是心怀发财梦的。胡雪岩作为商人中的佼佼者，自然也不例外。但是，“君子爱财，取之有道”的传统儒家思想却可以让他在信义与利益之间实现平衡。胡雪岩做生意的目的是为了赚钱，不是办慈善组织。不过，他认为商人求财应该走正道，鄙视那些为了利益不择手段的苟且之辈。在他看来，烫手的钱，即使再多也不能沾，否则会自取灭亡。

话说回来，哪些钱属于胡雪岩认为的“拿了会烫手”的钱呢？归纳起来，无外乎这几种。首先是靠触犯法律到手的钱，比如靠走私贩毒、制假卖假、坑蒙拐骗等非法途径赚来的钱，也就是通常所说的“昧心钱”。商人依靠各种非法手段挣“昧心钱”，既损害公众利益，同时也对社会的和谐安定造成严重危害，不但有违做人的起码良知，而且早晚也会成为全社会的众矢之的，归根到底其实是不划算的。其次，是靠损人利己得来的钱。胡雪岩所说的“损人利己”，主要指的是通过坑害同行，通过不当手段得利。这种挣钱方式有违商场中的公平竞争原则，还容易遭到别人的报复，即便暂时占了便宜，从长远角度来说，终究也是存在很大风险的。最后是通过跟朋友、同行作梗赚到的钱，用现在的话说，就是“撬别人的生意”。赚这种钱表面上看不违法，但是，这么做必然就要伤了朋友、同行之间的和气。从大道理上说，这么赚钱有违“仗义疏财、重情重义”的江湖义气；就个人私利角度而言，这等于是在明里暗里给自己找了冤家对头，也是万万不可取的。

通常来说，大家对于这三种“烫手钱”中的前两种不应该拿是比较容易达成共识的，也都能够尽量约束自己，按游戏规则办事，对于第三类“烫手钱”应不应该拿却“见仁见智”。事实上，对于这个问题的认识，恰恰决定了一个商人平庸与否。在胡雪岩看来，不平庸的商人站得高，看得远，对朋友、同行有情有义，看重利益，同时又恪守君子信条，最终能够义利兼顾。平庸的商人过分贪图眼前利益，虽然可能暂时春风得意，但是一辈子注定也就是个发不了大财的小商贩而已。

作为一个不平庸的商人，胡雪岩终生秉持“君子爱财取之有道，不拿烫手钱”的做人及经商原则。不仅如此，他还在这个基础上更进一步，身体力行“吃亏是福”的传统美德，信义待人，诚信经商。这么一来，胡雪岩不但没吃什么亏，反而还占了不少便宜。

胡雪岩经常挂在嘴边的有这么一句话：“不抢人之美，你做初一，我做十五；你吃肉来我喝汤。”秉持这个原则的他从不抢别人的生意，有时甚至宁可舍弃自己的利益也要为同行、朋友着想。当然，正如前面所说，付出总会有回报，暂时的“吃亏”并非意味着永远吃亏。胡雪岩“吃亏是福”的做法给他带来了很好的人缘，以及周围人的广泛认可。在这个前提下，他才可能把事业做大做强，超越平庸商贩的狭隘局限。

据说有一次，做军火生意顺风顺水的胡雪岩得知洋人又运来一批最新型号的武器，如果他能把这批军火搞到自己手里，再转手卖出去，肯定就能发笔大财。就这样，得到这批军火已经运抵中国港口的消息以后，胡雪岩立刻和洋人取得联系。凭借精明的生意手腕，以及在军火圈子里常年积累的信誉，胡雪岩很快就把这笔军火生意谈妥了。

就在这时，得意扬扬的胡雪岩无意中听到了些闲言碎语，指责他抢同行的生意。原来，早在胡雪岩盯上这批军火之前，洋人就已经把它们按更低的价格许给了另外一位同行。问题在于，这位同行没能及时筹集到足够的货款提货，胡雪岩给出的价格偏偏又更高一点儿，唯利是图的洋人也就乐得脚踩两只船，转手把订单给了胡雪岩。只不过这样一来，那位同行就丧失了赚大钱的好机会。

搞清楚内情以后，胡雪岩对自己的冒失举动感到非常不安。他没有丝毫犹豫，就直接找到那位同行，把事情的来龙去脉讲清楚，还诚心诚意地向对方讨教解决方案。那位同行对胡雪岩在军火买卖方面的实力心知肚明，唯恐这个“业内老大”以后跟自己过不去，也就不太好意思跟胡雪岩讲条件，索性做个顺水人情，只是希望胡雪岩以后多多关照自己。

这样的事情如果发生在普通人身上，似乎也就可以告一段落了，然而胡雪岩终究不是普通人。在他看来，这么做不仅有悖自己的人生信条，也让同行蒙受了巨大损失，难免有损人利己的嫌疑。于是，胡雪岩主动撕毁了已经签订的合同，转而让那位同行按之前商定的价格继续跟外商合作，把这批军火先买下来，然后再按后来的新价格转卖给自己。这样，那位同行居中当了回“倒儿爷”，白赚了笔银子，胡雪岩自己也没受损失，还卖了个人情给同行，可谓两全其美。

同样的事情如果放在今天，99% 的生意人恐怕都不会这么处理问题。某些人的理由很简单：同行是冤家，帮同行就是给自己找麻烦……类似这样冠冕堂皇的“生意经”足以让他们对同行“比冬天还要冷酷无情”，而且认为胡雪岩的做法是“吃饱了撑的”。这恰恰是“商圣”和普通商贩的最主要区别。商人重利，天经地义，但是在生意场上，当商人打算把别人口袋里的钱掏出来，放到自己的口袋里的时候，终究还是要讲究一些基本的道义的。首先，掏别人口袋里的钱不能巧取豪夺，而是要讲究游戏规则、方式方法。其次，掏别人口袋里的钱对多数商人而言可能并不困难，真正困难的是在赚钱的同时义利双收，既赚了银子，又赢得了好人缘、好口碑，为将来的发展积累“无形资产”。唯其如此，你的生意才可越做越大。正如胡雪岩所说：“做人做事要前半年想想自己，后半年想想别人。这样才能广结善缘，四通八达。”

诚信重于钱财

笔者问曰：经商之道，金钱、诚信孰重孰轻？

胡雪岩答曰：做人总要讲宗旨，要讲信用，宁可损利，绝不弃信。

现今的生意场上，一些人把利润看得比天还大，却常常将诚信抛诸脑后。更有甚者，为了一己私利，有的人可以不择手段，背信弃义，完全不把践踏自己的信誉、败坏自己的名声当回事，最终变成了人人喊打的过街老鼠，再没人愿意和他做生意。胡雪岩作为商人，虽然也将利润看得很重，却能够在追求利润的同时，不迷失自己的本心，始终秉承信用至上、诚信为本的经商原则。

据说，当初胡雪岩在自己的阜康钱庄刚开业时，就接待了一位特殊的客户。他在阜康存入 12 000 两银子，却既不要利息，也不用存折。这位客户是个绿营军官，官儿还不小，是个千总，大概相当于现在的团长，名叫罗尚德。罗尚德祖籍四川，从少年时就是远近闻名的赌徒。为了管住这个赌徒的心，父母很早就给他订下了婚事，没想到这反而为生性好赌的罗尚德开辟了新的“财源”。为了赌博，这位“准女婿”先后从岳父家借了 15 000 两银子。岳父迫于无奈，也不想把自己的女儿送进“火坑”，最后干脆提出，只要罗尚德同意退婚，这 15 000 两银子的债就算了。这个举动大大刺激了罗尚德的自尊心，他同意退婚，但同时发誓无论多困难，也要想办法把这 15 000 两银子还上。

没什么特长和手艺的罗尚德只能选择去当兵。12 年熬下来，居然混了个六品武官，他省吃俭用，外加贪污受贿，攒下了 12 000 两银子。之所以要把这笔钱存进胡雪岩的钱庄，是因为他的部队当时马上就要开到江苏去打太平军了，罗尚德身边偏偏又没有亲戚朋友可以托付。他偶然听同乡说阜康的老板胡雪岩为人很实在，讲信用，于是就慕名将银子运到阜康，还要求直接面见胡雪岩洽谈存款事宜。身为军人的罗尚德很有几分豪气，他不要利息，只是要求胡雪岩代管这笔钱财，甚至连存折也不要。因为行伍多年的他深知自己此去凶多吉少，身上要是带着存折打仗，万一有个三长两短，鬼知道会便宜什么人。

听罗尚德讲完来龙去脉，胡雪岩建议他先拿出 10 000 两银子存个 3 年定期。虽然罗尚德不要利息，但钱庄还是会按照行规照算利息，3 年之后，连本带利就是 15 000 两银子。另外的 2000 两银子存个活期，万一遇到急事，可以随用随取。存折既然不方便随身携带，就可以由钱庄代管。

罗尚德见胡雪岩如此的实在、仁义，处处都为自己着想，心里非常感动。返回军营以后，就四处宣扬胡雪岩的好处，无形中等于又为阜康钱庄做了次免费广告。众多即将奔赴战场的绿营官兵纷纷效法罗尚德，自愿将多年积蓄长期存入阜康钱庄。众所周知，无论过去的钱庄，还是现在的银行，归根到底都是靠储户的存款吃饭的，吸收的存款越多，随之而来的利润也就越大。胡雪岩的阜康钱庄当时才刚刚开业，实力尚小，根本就没有什么流动资金。胡雪岩通过自己的诚信经营，从这些绿营兵那里得到了“第一桶金”。

随后的事实证明，胡雪岩的诚信不仅仅是停留在口头上的。开赴战场的罗尚德没过多久就受了重伤，临死之前，他委托两位同乡将自己在阜康的存款取出，转交给老家的亲人。战争结束以后，罗尚德的两位同乡来到阜康钱庄，办理这笔存款的转移手续。此时的他们由于手里没有任何凭据，担心会受到钱庄的刁难，甚至想到胡雪岩有可能侵吞这笔巨款。没想到的是，胡雪岩信守了当初的诺言，只是简单证明了一下他们的身份，又让他们找了保人，然后适当收取了些手续费，就连本带利兑出了现银。

西方管理学家帕金森曾经说过：“关系到一个人未来前途的许诺是一件极为严肃的事，它将在长时间里被一字一句地记住。”胡雪岩其实也说过相似的话，那就是：“做人总要讲宗旨，要讲信用。”“诚信”是胡雪岩终生奉行的信条，即便是在自己苦心经营的商业帝国面临倒闭的紧要关头，他也仍然没忘记这两个字。话说晚年的胡雪岩为了对抗洋人的商业入侵，曾经尝试最大限度地垄断蚕丝行业，让洋人“欲买一斤一两而莫得”。为了达到这个目的，胡雪岩垫资二千多万两，套购生丝 14 000 包，由此卡住了外国商人的喉咙。洋商和洋行自然不会坐以待毙，为了控制中国蚕丝业，他们向胡雪岩发动了穷凶极恶的联合反扑。洋商们终于发现，在上海市面持续萧条的情况下，胡雪岩将大量现金用于收购蚕丝，必然导致资金链断裂，而且此时的胡雪岩和他的商业帝国可谓“百病缠身”，既要按约定偿还外国银行的贷款，还要为左宗棠购置军火，到处都是用钱填不满的窟窿。为了搞垮胡雪岩，洋商索性彻底终止了生丝贸易，还通过银行不断向胡雪岩催收贷款。如此一来，胡雪岩和他的商业帝国真的走到了崩溃的边缘。

此时的胡雪岩只有一条出路可以自救，那就是向沿海地区刚刚建立的三家新式机器丝厂出售蚕茧。当时，洋人的新式缫丝机器已经传入中国，浙江、江苏等沿海省份相继出现了好几家新式缫丝厂。问题在于，新式缫丝厂对于中国传统的家庭手工缫丝行业冲击很大，一旦推广开来，中国江南地区的传统养蚕制丝业必然大规模破产，很多人就会被逼上绝路。

经过多年苦心经营，此时的胡雪岩其实已经是当时中国丝织业的行业老大。恰恰是为了抵制洋人的机器缫丝工厂，维护中国蚕农利益，胡雪岩才大量收购、囤积蚕茧，以便切断机器缫丝厂的原料来源。如果此时“反戈一击”，将囤积的蚕茧卖给洋人缫丝厂，胡雪岩不但可以摆脱困境，甚至还可以得到大笔的利润。尽管如此，胡雪岩却仍然不肯松口。之所以这么做，是因为他作为丝织业的领军人物，曾经和那些个体蚕农达成过协议。协议规定，由他收购、囤积起来的蚕茧，必须交给中国自己的丝织作坊加工，从而抵制洋人丝厂的入侵，维护中国人自己的利益。此时的胡雪岩已经身陷绝境，按照通常的逻辑，似乎也就没必要再遵守当初的这个约定，然而胡雪岩就是这么个人，宁愿自己受损失，也不愿意做背信弃义的事情，眼睁睁看着别人因为自己不讲诚信而倾家荡产。面对亲友们以“识时务”为核心的轮番劝说，胡雪岩这样回答：“做人总要讲宗旨，要讲信用，说一句算一句，我答应过的，不准新式缫丝厂来抢乡下养茧做丝人家的饭碗，我不能卖茧子给他们。”

胡雪岩的所作所为，今天看起来虽然有逆历史潮流而动的嫌疑，但是他的义举本身还是值得肯定的，这也让他赢得了世人的敬佩。事实证明，历史上做事讲诚信的人大多可以成就大业，不讲诚信的人，即便暂时得逞，最终也会一败涂地。

用诚实换取信任

笔者问曰：如何能够取得别人的绝对信任？

胡雪岩答曰：戒欺。

现代心理学研究表明，每个人内心的封闭都是绝对的，它的对外开放则是相对的。也就是说，我们的“敞开心扉”都是有条件的，仅仅是向自己信得过的人开放。这方面有个典型的例子。当我们去自由市场买东西的时候，如果找零时得到小贩找回的50元之类的大钞，往往会反复查看，生怕得到假币；如果是在大超市、大商场买东西，多数消费者可能直接就会把找回的零钱塞进钱包，看也不看。之所以会出现这种情况，恰恰是因为这些大超市、大商场通过长期的诚实经营，换取到了消费者定向的信任。正是由于认识到了这点，胡雪岩在1874年刚刚创立胡庆余堂时，就为自己和自己的企业制定了“戒欺”的基本守则，并将其作为制胜商场的不二法门。

直到今天，在胡庆余堂药店的大厅里，除了普通药店经常悬挂的“真不二价”匾额外，还在非常显眼的地方挂着一块黄底绿字的牌匾。悬挂这块牌匾的目的不是针对普通顾客，而是专门给药店坐堂经理看的。所以它的悬挂方向并非像其他牌匾那样正对大门，而是挂在柜台对面的墙上，以便随时提醒药店工作人员。这块牌匾有个专门的名字，叫“戒欺”匾，匾上的文字由胡雪岩亲笔题写，全文如下：

> 凡是贸易均着不得欺字，药业关系性命，尤为万不可欺。余存心济世，誓不以劣品巧取厚利，唯愿诸君。余之心，采办务真，修制务精，不致欺余以欺世人。是则造福冥冥，谓诸君之善为余谋也可，谓诸君之善自为谋亦可。

这块别出心裁的匾额明确了胡庆余堂的经营宗旨，也给来来往往的消费者留下了诚实可信的深刻印象。正如胡雪岩所希望的那样，他的诚心换取到了广大消费者的无条件信任。经过多年发展，胡庆余堂已经成为和北京同仁堂并驾齐驱的知名老店，本身就成为信誉和质量的象征。时至今日，胡庆余堂的招牌仍高高悬挂在杭州城，继续彰显着胡雪岩当年的信条。

“戒欺”匾是胡雪岩对于药店员工，乃至他本人的告诫和警醒，也是胡庆余堂最根本的经营方针。所谓“采办务真，修制务精”，指的是确保药品的质量，也就是说，方子一定要可靠，选料一定要实在，炮制一定要精细，卖出的药一定要有效。除此之外，他还要求药店员工一定要实在，说实在话，办实在事，而且作为医药行业的从业人员，还要时时怀有慈悲之心。在胡雪岩看来，只有诚实、慈悲的人，才能处处为病人着想，视顾客为上帝，视企业的信誉为生命，时刻留神服务态度，留神药品质量。只有这样，药店才不会自己坏了名声，砸了招牌。视信誉为生命的胡雪岩在《胡庆余堂雪记丸散全集》序言中再次阐述了诚实经营的理念：

> 大凡药之真伪难辨，至丸散膏丹更不易辨！要之，药之真，视心之真伪而已……莫谓人不见，须知天理昭彰，近报己身，远报儿孙，可不慎料！

坚守“戒欺”理念的胡雪岩要求员工必须实实在在地对待顾客，凡是胡庆余堂卖出去的药，哪怕是最不值钱的货品，也一定要保证质量，必须是真方真料，精心修合。现代商业领域的竞争方式千奇百怪，“价格战”可能是其中最没有创意的一种，秉承“戒欺”原则的胡雪岩对于这种竞争方式却有自己的看法。事实证明，贪小便宜是很多消费者的共同心理，然而“便宜没好货”却也是大家的普遍共识。如果长时间采用低价策略吸引客源，难免就会让人对货品质量，以及商家信誉产生怀疑。更何况商家终归不是慈善组织，为了弥补低价带来的损失，有些商家也难免采取类似缺斤短两、以次充好的补偿策略。即便根据“价格—质量对等”的原则，消费者在经济上可能并没有受到实际的损失，却也无法认同商家的欺诈行为。更进一步说，低价策略毕竟不是长久之计，一旦商家恢复正常价格，甚至为弥补之前的损失，发动价格上的报复性反弹，习惯了低价的消费者即便没有吃亏，也一定会感觉吃了亏，最终还是会影响商家的信誉。有鉴于此，胡雪岩提出了“真不二价”的生意原则，从不轻易涉足价格战的恶性循环。

话说当年胡庆余堂刚开业没多久，就被杭州城原先的老字号药店叶仲德堂视为竞争对手。叶仲德堂的东家是曾在户部任职的宁波人叶谱山，具体地点在杭州望仙桥直街吉祥巷口，占地足有7亩，前店后场，规模大、设备全、资金雄厚，还拥有官场靠山。清朝道光、咸丰年间，这家药店名列杭州第一，在整个东南沿海地区都非常有影响力。可惜好景不长，胡庆余堂崛起以后，叶仲德堂算是遇到了竞争对手，生意日渐萧条。面对这样的情况，叶仲德堂联合杭州其他几家老字号药店，决定对胡庆余堂发动价格战，通过压价倾销的方式挤垮胡庆余堂。按照这个策略，叶仲德堂率先将药品大幅度降价。胡庆余堂的高丽参每两二钱银子，他们只卖一钱七；胡庆余堂的淮山药每两五厘银子，他们只卖四厘……讲究货比三家的顾客在药品质量相同的情况下，为了省钱，自然是捡便宜的买。于是，叶仲德堂拉回了很大一批主顾。

依据市场竞争的通常思路，此时的胡雪岩应该对叶仲德堂以牙还牙。话说回来，当时的胡雪岩其实也有这个能力从价格上对叶仲德堂发动反击。因为胡庆余堂药店开张的时候，胡雪岩手里已经有了钱庄、当铺作为后盾，如果想打价格战的话，那其实是既有实力，又有把握的，然而胡雪岩却没有落入这个俗套。胡庆余堂不但没有针锋相对地降低价格，反而还在药店大堂上挂出了胡雪岩亲笔手书的“真不二价”四个烫金大字的牌匾。面对叶仲德堂咄咄逼人的架势，胡雪岩压根儿不打算降价，而是准备用自己的诚心换取顾客的长期信任。

这样的做法明显受到了“韩康不二价”典故的启发。相传，韩康是中国古代一位医道高明、深通药理的采药人。这个人靠采药、卖药为生，每天辛辛苦苦地上山采药，然后再把采到的药材挑到集市上出售。按照中国人的习惯，买东西少不了讨价还价，卖药人自然也乐得用低价吸引顾客，于是，有些心术不正的卖药人就如前面所说，采取了以次充好、缺斤少两的办法弥补损失。只有韩康特立独行，坚持不准还价。不仅如此，他还对那些打算和自己讨价还价的顾客说：“我的药值这个价，我也只卖这个价，这就叫‘真不二价’。”贪便宜的买药人吃了那些便宜药不见好，吃了韩康的药却往往立竿见影，自然也就信任了这个“真不二价”卖家，韩康的生意也就越来越好了。

面对竞争对手掀起的价格战，胡雪岩同样打出了“真不二价”的招牌，同时向顾客做出承诺：胡庆余堂卖出的药质量信得过，绝没有半点儿掺假。胡雪岩之所以敢这么做，也是因为对医药行业的“潜规则”心知肚明。叶仲德堂眼下虽然将药品压价销售，实际却只是权宜之计，根本不可能持久，因为药材的价格是明摆着的，做生意总不能为了挤垮对方一直“赔本赚吆喝”。要是真的这么坚持下去，可能还没挤垮对方，自己就先垮了。要想发动价格战，同时又不损害自己的利润，唯一的办法就是采取坑蒙拐骗的卑劣手法，要么以次充好，要么缺斤短两。这么干虽然可以暂时应付，最终却一定会砸了自己的招牌。只有实实在在做生意的人，才能坚持到最后。拿定“真不二价”主意的胡雪岩开始在药品质量上做文章，而且还严禁员工用缺斤短两的手段欺骗顾客。例如，当时别的药店出售的人参即便不缺斤短两，但是为了压秤，水分通常也都很大。胡庆余堂的人参进货以后，首先要在生石灰里埋上一阵子，意在吸收人参里多余的水分。这样一来，胡庆余堂虽然损失了部分利润，但这种人参的分量足、成色好，顾客自然觉得满意，胡庆余堂也就赢得了大家的信任，营业额又直线上升了。

作为一代“商圣”的胡雪岩可谓深谙商业竞争奥秘。正如前面所说，在商业竞争的过程中，价格竞争虽然俗套，但却相当有效。同样品质的商品，如果在产品价格上占有优势，必然就会争取到更多的市场。问题在于，“价廉”的前提必须是“物美”。如果在降低价格的同时降低商品品质，甚至采用欺骗的手段坑害顾客，虽然在短时间内可以争取到一定的利润，但从长远来讲，特别是从商家的信誉积累来讲，却是得不偿失的。那些坑蒙拐骗的商家虽然暂时得逞，损失的却是顾客的信任，这种“无形利润”的价值其实远远高于有限的那点儿钱财。不知就里的叶仲德堂恰恰就在这方面栽了跟头，“真不二价”的胡庆余堂不但没有损失有形利润，还额外从顾客那里获得了无形的利润，可谓一箭双雕。

慷慨仗义是商人的必修课

笔者问曰：在商言商，商人重利。如果重义轻利，又何以敛财呢？

胡雪岩答曰：将要取之，必先予之。

有个问题可能很多人都没注意过，从语言学的角度来说，“舍得”这个词的构词法是并列式的。这个词有两个语素，分别是“舍”和“得”。所谓并列构词法，意思就是说，如果这两个语素调换一下位置，词本身的意思是不受影响的。既然如此，有人就会问了，如果这两个语素的位置可以随意调换，为什么我们的祖先最终造出来的词会是“舍得”，而不是“得舍”呢？中国古人之所以如此构词，其实是和他们对于社会、人生的认识紧密相关的。很多时候，“舍”是“得”的前提。

所谓“将要取之，必先予之”。人立足天地之间，要想“大得”，必先“大舍”。更具体地说，无论经商，还是做人，为人慷慨、懂得给予都是最起码的基本要求。多数人都有这样的经验，在日常生活当中，那些慷慨讲义气、守信用的人往往朋友最多，路子最广，办起事来也最如鱼得水；同样，那些抠门儿、自私的人通常朋友也很少，办起事来处处碰壁。具体到生意场来说，“利”字永远是摆在第一位的。生意场上要想交到朋友，慷慨好施的好名声是必需的。只有舍得小利，才能获取大利。胡雪岩之所以在商场上能处处逢源，最终建立自己的商业帝国，首要的条件，就在于他为人慷慨，懂得大舍大得的道理。

胡雪岩刚开始创立阜康钱庄时，急需一个得力的“档手”（相当于现在的经理）。经过反复考察，他相中了大源钱庄的伙计刘庆生。当时，阜康钱庄还没正式开业，周转资金也没到位，可是胡雪岩选定刘庆生之后，立马就许诺给他每年 200 两银子的薪水，外加年终的“花红”（相当于现在的年终奖、分红）。不仅如此，为了表示诚意，刘庆生还没上任，胡雪岩就预付了一年的薪水。按当时的生活标准，杭州的一个八口之家，每顿饭有荤有素，冬天有棉，夏天有单，每月的开销差不多也就是一两银子。每年 200 两银子的确是高薪，而且活儿还没干，就先给了一年的薪水，就连刘庆生都觉得胡雪岩这位新东家有点儿过于慷慨了。

胡雪岩之所以这么慷慨大方，当然也是有他的目的的。其中最主要的原因就在于胡雪岩认定，刘庆生这个人一旦被挖到阜康钱庄，他所能创造的价值要远远高于这每年 200 两银子。除此之外，胡雪岩之所以这么慷慨大方，也是希望能尽快笼络住刘庆生这个人。无论哪朝哪代，人才都属于稀缺资源。胡雪岩能看中刘庆生，别人当然也可能看中刘庆生。提前预付一年薪水就等于买东西交了定金，断了这个人再攀别的高枝儿的念头。

事实证明，胡雪岩的战术是成功的，那200两银子的大手笔一下子就打动了刘庆生的心。这位阜康钱庄未来的“档手”激动不已地对胡雪岩说:“胡先生，像您这样子待人，说实话，我听都没听说过。胡先生您吩咐好了，怎么说怎么好！”

事情正如胡雪岩之前所预料的那样，得了200两银子的刘庆生立刻将高堂、妻儿接到杭州，买了一处小院子，正式安了家，摆出了一副死心塌地替胡雪岩卖命的架势。平心而论，胡雪岩这每年200两银子也的确没白花，阜康钱庄日后的兴隆，与刘庆生的谋划运作是密不可分的。

除了善待刘庆生这样的高端人才，胡雪岩对待最底层的伙计也毫不吝啬。清朝的时候，中国社会既没有退休，也没有社保，买卖铺户里的伙计一旦年纪大了，干不动了，就等于彻底断了收入。这个人群要想晚年有保障只有两个出路，要么是在手里积蓄一笔现钱，用作养老花费；要么是把这笔现钱买成更牢靠的土地、房屋，当地主或者房东。总而言之，那个时候的人，养老只能完全靠自己。

在这种情况下，胡雪岩却独树一帜地设立了中国最早的养老金体制。胡雪岩时代的胡庆余堂规定，无论掌柜，还是最底层的伙计，只要不是中途辞职或者被药店辞退，年老体弱无法继续工作以后，仍然可以在胡庆余堂支取原来水平的薪水，直去世为止。这种薪水被称为“养俸”。除了“养俸”，胡庆余堂还有所谓的“阴俸”。也就是说，那些对生意发展做出过突出贡献的雇员即便已经去世，他们的家属仍然可以按照一定比例支取逝者生前的薪水，直至这些家属们有能力达到与逝者在世时相同的生活水平为止。胡雪岩的慷慨大方并没有白费，生活有了绝对保证的伙计们真正做到了“以店为家”，不遗余力地替自己的东家工作，胡雪岩也就自然而然地得到了更多的回报。

现如今，很多商人、老板无论对待自己的手下人，还是方方面面的朋友，都非常苛刻、小气，无法如胡雪岩这样慷慨大方。他们对于自己的行为看似合理的解释是：在商言商，商人重利，如此散财，又何以敛财呢？这其实是非常不明智的做法。相比之下，胡雪岩无论对手下人，还是亲朋好友，从来都不惜重金，以至到了挥金如土的程度。很多时候，胡雪岩甚至不会按照自己生意的赚赔来决定手下人报酬的多少。无论是赚，还是赔，即便自己的利润所剩无几，甚至已经赔本，该给朋友、手下支付的红利也绝对一分不少。例如，胡雪岩当年第一笔生丝生意做成之后，该打点的打点出去，手下该分花红的分给花红。算下账来，不但为筹办钱庄所借的款项无法还清，自己还欠下了新的债务，简直就是白忙一场。尽管如此，胡雪岩仍旧没有半点犹豫，照样慷慨大方，以至于在生意场上落下了“傻”的名声。事实证明，胡雪岩并非真的“傻”，而是别人太“聪明”了。胡雪岩的“傻”，让他在白道黑道广结善缘，获得了更多的利益。这或许就是大智若愚的最典型体现。

帮别人就是帮自己

笔者问曰：帮助别人，对自己有什么好处？

胡雪岩答曰：假如在人家困难的时候，帮着解了围，人家自然不会忘记。

互助是中国人的传统美德，大到春秋战国时代诸侯间的合纵连横，小到平民百姓间的日常接济，从古至今，中国人始终保持着助人为乐的传统。催生这种传统产生的原因其实有很多，其中最实际，也是最功利的一条原因就是因为在很多时候，帮助别人实际上也就是帮助自己。

仅仅从精神层面来说，帮助别人的时候，助人者可以通过自己的所作所为，获得精神上的满足和愉悦。从现实物质角度来说，讲究“礼尚往来”同样是中国人的优良传统，虽然很多人助人为乐本身不求回报，但是今天帮了别人，明天没准儿也就会得到别人的帮助。正如胡雪岩自己所说的那样：“假如在人家困难的时候，帮着解了围，人家自然不会忘记。”

商业领域的各个实体表面上是相互独立的，实际却存在着千丝万缕的联系，任何人都不敢保证自己在经营上一帆风顺，没有难关，永远用不着张嘴求人。在这种情况下，互助就显得尤其重要了。号称“中国商圣”的胡雪岩在这方面又是怎么做的呢？

在中国古代，漕运是最重要的物资调运方式，举世闻名的京杭大运河的最主要功能其实就是利用水路从南方调运粮食，满足北方地区，特别是北京的需要。漕运具有非常浓厚的官方背景，运送漕米虽然由商人具体实施，实际上却是替政府跑腿，前者可以从后者那里得到丰厚的运费。

通常来说，无论古今中外，给政府打工都属于有利可图的

“肥差”，漕米运输同样如此。当然，凡事都有例外的情况。话说胡雪岩刚刚接手帮办漕运的时候，当时的产粮大省浙江就闹了旱灾，几乎颗粒无收。很多老百姓不但无力纳粮，即便勒紧裤腰带把皇粮交了，由于天旱导致大运河水位过低，无法行船，这些粮食也没办法运进京城。所以直到这年九月份，浙江的漕米仍然原地没动。

皇粮交不上去，京城里的皇帝不高兴，地方官员自然就要找个替罪羊。由于当时“南粮北调”的方式已经由主要依赖京杭大运河，改为从上海走海路进京，实际负责漕米征集和运输的浙江藩司便以“漕运改为海运”为由，把具体责任推给了当时的海运局坐办王有龄。

用现在的话来说，漕米其实就是清朝时候上缴国家的“公粮”。清廷对于漕米的征集和运抵时间都有严格的规定，哪个地方出了问题，相应的官员就要倒霉，严重的还可能被杀头。对于当了“替罪羊”的王有龄来说，这次漕米运输的成败不仅会影响仕途，还关系到他的身家性命。问题在于，当时的多数人都认为王有龄面对的几乎是个不可能完成的任务。之所以这么认为，原因首先在于大旱导致的歉收使得征集上来的漕米存在非常大的缺口，总量在三十多万石。按照清朝制度，漕米的数量如果不够，即便运到京城，经手的官员也是要被问罪的。其次，虽说漕米运输以海运为主，但是从浙江内地到上海的这段路程还是要走内河航道的，这些航道都属于漕帮的地盘。中国有句俗话：同行是冤家。河运改海运之后，原本靠京杭大运河吃饭的漕帮等于被海运局抢了饭碗。王有龄要是倒了霉，他们高兴还来不及呢，哪会帮忙出力。

走进了死胡同的王有龄为此绞尽脑汁，却一筹莫展。就在这时，胡雪岩却创造性地提出了个在上海就地买米的办法，帮他解决了难题。在胡雪岩看来，整个问题的关键就在于足量、按时把米送到京城。至于这些米究竟是怎么来的都无关紧要，只要能按时、足量在上海港交接上船就可以了。漕米上了海船，王有龄的责任也就没有了。既然浙江本地的大米数量不足，运输又困难重重，那就不如在上海当地直接买米。这样起码可以省去运输的麻烦。话说回来，当时的胡雪岩其实还只是个普通商人，平头老百姓。王有龄也不是什么大官，他在仕途上能否一帆风顺，能不能完成任务，跟胡雪岩本来就没什么关系，后者也就没必要去“狗拿耗子”。之所以愿意帮助王有龄，就在于胡雪岩作为有情有义的商人，始终秉持着“为朋友两肋插刀”的准则。这也为他以后的经商活动带来了很多实质的好处。

得了高人指点的王有龄大喜过望，直接跑到上海，圆满完成了漕米运输任务。春风得意的王有龄自然不会忘记胡雪岩，随着王有龄在官场上如鱼得水，胡雪岩的生意也就跟着越做越大。如果当初胡雪岩“事不关己高高挂起”，没有出手帮助王有龄，后者可能早已丢官罢职，甚至让人砍了脑袋，胡雪岩也就不可能搭上王有龄的“顺风车”了。话说回来，胡雪岩并非能掐会算的“半仙”，无法预料身处困境的王有龄未来前途似锦。他只是在后者遇到困难的时候，秉持着自己助人为乐的一贯精神，帮助了一个需帮助的人，顺便也成就了自己辉煌的事业。

做事也要为别人着想

笔者问曰：人不为己，天诛地灭。凭什么要为别人着想？

胡雪岩答曰：人在江湖走，全靠互相支撑，金钱乃是小事。

胡雪岩能够在生意场中如鱼得水，最有利的条件之一就是庞大的朋友关系网络。有句话说得好，“天下没有免费的午餐”。这些人之所以愿意为胡雪岩出头，替胡雪岩办事，就在于胡雪岩能够替他们着想，站在他们的立场上处理问题。毕竟，无论什么时代，人与人之间的关系都是相互的。

有一次，王有龄承担了运粮到天津的任务。这支船队有十多艘船，从宁波起航，全部满载官粮。没想到的是，船队刚到上海，王有龄的老冤家漕帮就派了几十条小舢板充当火船，把装满官粮的船烧了个精光。他们这么做的目的，就是为了给王有龄点颜色看看。

消息传到海运局，王有龄大惊失色，一方面立刻要求地方官派人调查，缉拿案犯；另一方面则委托胡雪岩私下调查。十多天过去了，地方官没有查出任何线索，这个责任似乎只能由王有龄自己承担了。问题在于，这次损失的可是皇粮，不是赔点钱就能完事的。按照清代的法律，如果抓不到罪犯，王有龄不仅官弄丢了，甚至还有可能被杀头。王有龄因此急得吃不下饭、睡不着觉，感觉天都要塌下来了。就在这时，胡雪岩却为他带来了好消息。原来，漕帮之所以要制造这起事件，最主要的原因仍然是因为海运局砸了他们的饭碗。平心而论，王有龄其实也冤得很，他只是替朝廷当差而已。遗憾的是，漕帮惹不起朝廷，却惹得起他王有龄。听胡雪岩讲完事情的前因后果，王有龄感觉除了让海运局关门之外，也就没有什么好办法能解决这个问题了。胡雪岩却认为事情并非如此。中国有句老话：民不与官斗。漕帮之所以敢铤而走险，也是被逼无奈。如果朝廷不在这件事情上就此打住，而是追查到底，漕帮很可能就会狗急跳墙。更何况，这些人在暗处，官府在明处。暗箭难防，继续斗下去，王有龄未必占得着便宜。与其闹得两败俱伤，还不如主动讲和，给漕帮留条活路。

当时胡雪岩并非官场中人，身份中立，又是王有龄的好朋友，无疑就成为谈判的最佳人选。为了表示友好，胡雪岩特地准备了一船杭州特产，又通过熟识的漕帮小头目，联络上了当时的漕帮老大廖化生。见到廖化生的胡雪岩立刻送上一船礼品，外加一张十万两的银票。得了好处的廖化生眉开眼笑，态度非常友好，随口说道："胡先生，你不带兵，却带来银票，想必有什么谋划吧。"

胡雪岩这个人城府向来很深，他用商人惯用的应酬话谦卑地回答："前辈，雪岩今日前来，不过是因为仰慕漕帮的声威，前来致意罢了。"

廖化生身为漕帮老大，自然见过世面，哈哈一笑说："胡先生，你真会说笑话，今日的漕帮如西山的落日，哪里可以和海运局的声威相提并论。"

胡雪岩趁机顺着他的口气回答：朝廷法令太多，又不停更改，这些更改却全然不体谅民生的艰难。海运局也是迫于朝廷的王法，不得不照章办事，所以难处都在心里面，哪里谈得上什么声威。”

这句话恰到好处地搔到了廖化生的痒处，他进一步抱怨说：“我们是民，海运局是官。为官的既然不为民着想，民又何必要为官开方便之门呢。”

胡雪岩作为老于世故的商人，可谓深谙人心。此时的他没有一味讨好廖化生，而是软中带硬地回答说：“这次王先生的船被烧后，浙江巡抚严令追查真凶，经过明察暗访，近日已经获得了一封密函，准备要求皇上亲启呢。”

做贼就必定心虚，廖化生听出了话里的威胁，立刻敏感地追问：“胡先生可知道其中有什么消息？”

前面已经说过，胡雪岩来漕帮之前，就抱定了讲和的打算。讲和的第一步，自然是向对方示好，显示自己处处为对方着想，是向着对方的。对于廖化生的追问，胡雪岩并没急着回答，而是故作神秘地看看左右。廖化生心领神会，命令旁人退下。胡雪岩仍不说话，继续制造神秘感，只是从怀里掏出一封密函，让廖化生看。原来，这就是浙江巡抚上奏朝廷的奏折，字里行间历数了漕帮滋扰地方，火烧粮船，目无法纪等一系列罪行。奏折末尾这样写道：“漕帮名为货运之帮，实则杀人越货之帮，请圣上痛下决心，将漕帮一举歼灭，方可绝后患。”

廖化生还没细细看完密函，脸色就已经变了。漕帮，也就是后来的青帮，虽然具有明显的黑社会性质，但终究还是以图财为主的。如果朝廷下定了铲除的决心，吃亏的只能是他们自己。一旁察言观色的胡雪岩立刻安慰他说："前辈请宽心，胡某已做了手脚，半路截获密函，朝廷尚不知晓，如今重要的是赶紧把粮米、船只凑齐，运到天津，以免京中下旨查办。"

面对胡雪岩突如其来的善意，廖化生感觉大惑不解。胡雪岩进一步解释说："漕帮兄弟，自古以来靠水吃水，养家糊口也全部依赖这个行业。如今朝廷居然全然不体恤大家，将漕运改成海运，大家突然之间被夺走了饭碗，怎么可能不生气呢。纵使漕帮兄弟有做得出格的地方，官府也应该体察民情，怎么能用发兵围剿这样的手段？况且漕帮兄弟久在江湖上行走，多是刚强率直的热血男儿，一旦较量下来，不知要死伤多少人。"

胡雪岩让人感觉他完全是站在漕帮的立场上想问题，处处替漕帮考虑，本来就很重江湖义气的廖化生感动得一塌糊涂，突然站起来说："胡兄弟，难得你一片仁厚之心，我廖某真是看走眼了，请受我一拜！"胡雪岩当然不能真的让廖化生拜下去，他进一步采取攻心策略说："如今运河失修，战事频繁，漕运不畅，海运颇见成效。此为大势所趋，所以皇上才下了圣旨。漕帮弟兄只有想办法另谋出路，才是长久的良策，否则，一味破坏，只恐逃得了这次，难逃下次啊！"

话说到这个地步，廖化生已经彻底把胡雪岩当成了自己人，两个人开始就如何解决这个问题展开深入讨论。最终，胡雪岩答应由自己的钱庄出面，向漕帮放款作为购买粮食的本金，还主动提出分担漕帮应出的海运费用的一半。廖化生至此感激涕零，称赞胡雪岩仁义四海。至此，整个危机烟消云散。

在整个事件的处理过程当中，胡雪岩之所以能处处占据主动，就在于他始终在为对方着想，起码是在表面上表现出了这样的姿态。正如前面所说，人与人的相处，始终都是一个相互的过程，只有当你处处为别人着想的时候，别人也才会投桃报李地对待你。熟练掌握这个原则的胡雪岩，不但让当事的王有龄和廖化生都感觉他是“自己人”，八面玲珑，获得了好人缘、好口碑，在物质上其实也没吃什么亏。事实证明，做事多为别人着想并非一定就是赔本赚吆喝的事情，反而有可能名利双收，获得“鱼与熊掌，两者兼得”的完美结果。

立身难，守身更难

笔者问曰：处处守规矩，讲诚信，实在太难，偶尔有些小越轨是否可以原谅？

胡雪岩答曰：为人最要紧的是取得结果，一直说话算数，临到了失一回信用，自己就完了。

“礼义廉耻”的做人、做事准则为胡雪岩这样的商人带来的不仅仅是现实的利益，还包括良好的名声和世人的尊敬，所有这些，都是成就一番大事的必要条件。有句话说得好：人做一件好事不难，难的是一辈子做好事。同样，通过一些细节在别人的眼中树立良好形象其实并不是特别困难的事情，真正困难的是把这个形象维持下去，贯穿始终。正是由于这个原因，很多商家在创业初期往往能够处处维护形象，既让消费者得到实惠，自己也赚取到了各种有形或无形的利润，天长日久，却逐渐松懈下来，如此不但损失了金钱，也损失了做人最起码的根基。有鉴于此，胡雪岩非常注意细节，从来不允许任何事情，哪怕是不起眼的小事儿，败坏自己多年苦心经营积累的声誉。即便是在大势已去的晚年困境中，他也同样坚守着这个底线，宁可一败涂地，也要极力维护自己的形象。

话说当年左宗棠西征凯旋，被慈禧太后擢升，执掌兵部，协助醇亲王整顿旗营，同时还兼任着督办南洋防务的职责。此时的左宗棠可谓春风得意，为了加强自己麾下部队的实力，左宗棠特意委派手下的大将王德榜出京到老家湖南招募兵勇。这次征兵预计招募6000人马，至少需配备4000支步枪。按照当时的惯例，由此发生的各种费用部分由朝廷承担，部分则由左宗棠自己想办法筹集，这个数目大概是25万两银子。左宗棠当初西征的时候，曾经在上海设立粮草转运局，并委托胡雪岩全面负责转运局的事务。左宗棠西征结束以后，这个转运局还没有撤销，胡雪岩在理论上仍然属于左宗棠的下级。眼看军费捉襟见肘，左宗棠自然又要想到了自己的“财神爷”胡雪岩。他把胡雪岩从上海召到南京，委托后者替自己筹饷并购买军火。

胡雪岩虽然满口应承，心里却非常为难。解决这两个问题的关键在钱，但此时的胡雪岩没有钱，买枪的银子也是笔不小的数目。这几项加起来，总数将近50万两之多。要是放在以前，50万两银子对胡雪岩来说其实也不算什么，但是胡雪岩此时的经营状况已经每况愈下了。由于当时中法两国的矛盾纠纷，上海市面非常萧条，生意本来就不好做。再加上胡雪岩为了控制生丝买卖，和洋商抢夺市场，已经投入了大笔银子用于囤积生丝，他手下各大买卖铺户的资金链基本都断掉了。不仅如此，李鸿章为了排挤左宗棠，不让他在东南地区立足，处心积虑地找身为左宗棠心腹的胡雪岩麻烦。在李鸿章的授意下，上海道台有意卡下了本该支付给胡雪岩的一笔款项。

自身难保的胡雪岩本来可以向左宗棠坦陈自己的难处，取得谅解，即便不能甩掉这件麻烦事，最起码也可以讨价还价，获得喘息的机会，然而胡雪岩却不愿意这么做。作为左宗棠的下属以及挚友，他知道自己的这个老上级虽然暂时得志，其实却已经老迈年高，还百病缠身，整理南洋军务，可能就是左宗棠有生之年办的最后一件大事。在这种情况下，如果自己推脱责任，左宗棠可能表面上不说什么，心理肯定会不高兴。如果偏偏在这个时候讲起了条件，对方可能就会因此认为是胡雪岩看自己没几天活头儿了，准备“人走茶凉了”。于是，他宁可自己为难，还是把这笔钱东挪西借地拼凑了出来。对于那些不理解的亲友，胡雪岩是这么解释自己“做傻事”的动机的：“为人最要紧的是收得结果，一直说话算数，到最后失一回信用，且不说左大人不定会起疑心，就是自己也不甘心，多年做出来的信用牌子，为一件小事就砸掉了。”

胡雪岩为了维护自己的良好形象做过的“傻事”其实还不只这么一件。由于到处拆东墙、补西墙，胡雪岩的商业帝国终于出现了资金断裂的情况。屋漏偏逢连夜雨，李鸿章的亲信，也是近代中国另一位著名的“官商”盛宣怀还趁机制造谣言。社会上一直盛传说胡雪岩银根吃紧，马上就要破产了；还有人说胡雪岩已经被洋人击败，手里囤积的那些生丝即便在天津低价销售，也找不到买家，连洋行贷款都无法按时还清。偏赶上胡雪岩趁着这个时间回杭州嫁女儿，市面上很快又流传开了胡雪岩为了躲债逃回杭州的谣言。

耳朵里塞满了各种不利消息的储户纷纷赶到阜康钱庄挤兑现金。按当时的习惯，胡雪岩的钱庄通常在上午 9 点开门，可是发生挤兑的那天早上，天还没亮，钱庄门口就已经挤满了人。钱庄的掌柜看见外面人头攒动，害怕局势失控，索性擅自决定提前开门。如此一来，更让大家坚信了“胡雪岩马上就要垮了”的谣言。消息流传开，这天下午，有个大户带着车和脚夫来到阜康钱庄，要求一次取出自己的 24 000 两银子。这 24 000 两银子细算起来分量足有一千多斤，店堂里面放不下，只好在钱庄门口开箱点验。储户们眼看着这么多银子被提走，恐怕自己的积蓄打了水漂，挤兑的趋势进一步加剧。

到了这天晚上打烊关门的时候，曾经日进斗金的阜康钱庄总共只剩 18 000 多两的现银了。面对第二天可能更加严重的挤兑风潮，钱庄掌柜再次犯了糊涂，抱着侥幸心理，只是东拼西凑了 20 000 多两现银，他的希望完全寄托在第二天没那么多人取钱，这个不可能的幻想上面。

怕什么，来什么，第二天的挤兑狂潮更加汹涌。已经没有太多现银的掌柜只得嘱咐手下的伙计尽量放慢办事的速度，多拖一会儿是一会儿。这个小花招儿居然暂时起了作用，一个上午下来，总共只有 45 个客户办完了取款手续，兑出去的银子还不足 10 000 两，局势似乎得到了控制。可惜天不遂人愿，这天中午又来了个大客户，一次就要提走 90 000 两，后来又来了两个分别要求提 80 000 和 25 000 的。掌柜算是彻底没了办法，只得好话说尽先把人劝走，随即就关门上板儿了。如此一来，阜康钱庄创造了开业以来的两个“第一”：第一次让取钱的客户空手走出大门；第一次时间不到就提前关门。胡雪岩常年积累下来的信誉一落千丈。

胡雪岩得知此事后非常不满，根本不领掌柜四处周旋的情，而是直接把这个跟随自己多年的老伙计开除了。不仅如此，他还四处筹措现金，甚至不惜以自己的住宅为抵押，堵上了钱庄的窟窿，尽量弥补已经受损的信誉。在胡雪岩看来，很多时候，生意人的形象是第一位的，利润其实是第二位的。一个商人如果获得了良好的形象，也就获得了一笔无形的资产，在商战中占据了先机。但是，如果不注意维护已经建立的形象，心怀侥幸，处处搞小动作。那么，一个偶然的小失误，可能就会让多年来的艰苦努力毁于一旦。刘备有云，“勿以善小而不为，勿以恶小而为之。”说的其实也就是这个意思。

刀头舔血　未雨绸缪

商人图利，只要划得来，刀头上的血也要舔。

——胡雪岩

要想在商场鏖战中占据先机，冒险精神是商人的必备素质。如果缺乏冒险的勇气，即便天上掉馅饼，也可能让别人抢了去。话说回来，对商人而言，敢作敢为的冒险精神是立足商场的必备素质，然而敢作敢为并非盲目地蛮干，而是深谋远虑，未雨绸缪之后清醒和笃定的行为。

富贵险中求

笔者问曰：有没有绝对零风险的买卖？

胡雪岩答曰：生意场上小险小利，大险大利。

中国有句老话：富贵险中求。在胡雪岩看来，生意场上向来是小险小利，大险大利，风险与利润成正比，所谓“稳赚不赔，零风险”的买卖是不存在的。只有敢冒大险，才能得到更多好处。要想成为大商人，赚大钱，就需要比常人多点的勇气，敢于承担风险。很多生意人出于大家都能理解的心理，往往绞尽脑汁地规避风险，认为只有稳扎稳打才是做生意的根本。这样的人可能一生平安，最起码衣食无忧，但却通常很难取得大的成就，获得可观的利润，终其一生，只能算是个小买卖人。相反，只有那些敢冒风险的商人，才可能笑到最后，取得更大的成就。

正如前面所说，在中国古人心中，做人、做事皆是一理。对中国古代商人而言，“智、信、仁、勇”四德缺一不可，“勇”又是四德当中最实际且基本的要素。现代社会，竞争日趋激烈，做任何事情的风险都要大大高于从前。即便当事人竭尽全力地规避风险，风险也可能自己找上门来。对于商人而言，面对风险，瞬间的胆怯就可能导致完全相反的结果。危急时刻，能否勇字当头，往往决定着一笔生意的成败。从这个意义上来说，置身商场，勇气甚至比谋略更加重要。很多时候，商人要勇于去“赌”。

胡雪岩涉足商海伊始，就面临着一场生死攸关的赌博。当时，刚刚积聚起一定资本的他打算在上海投资蚕丝生意。就在这时，胡雪岩通过自己的渠道得知上海市面可能很快就要天翻地覆，因为当地的“小刀会”将在八月起事。小刀会的起事会给上海市面带来什么影响，任何人都无法提前得出结论。面对潜在的风险，同时也是潜在的机会，胡雪岩陷入了两难的抉择。

按照通常的逻辑，市面出现动荡，商业肯定首当其冲地受到冲击。这个时候，无论在上海进行什么投资，风险都是异常巨大的。但是从另一方面来说，小刀会的起事可能又是个机会。因为上海一旦乱起来，这个城市和周边的交通肯定就要中断。要是换在别的地方，这样的情况绝对是对生意非常不利的，然而上海的情况偏偏有所不同。众所周知，上海自近代以来就是重要的通商口岸，洋人在那里攫取了大片租界，还开办了不少工厂。这些“洋大人”清廷招惹不起，“小刀会”也投鼠忌器，即便上海乱成一锅粥，他们照样可以稳坐钓鱼台。当时洋人设在上海的工厂以纺织厂为主，一旦上海与内地的交通被人为隔断，虽然洋人的工厂可以不受干扰，正常开工，但是外边的生丝却很难运进上海，工厂就有停工待料的危险。在这种情况下，如果事先囤积大批生丝，放在“小刀会”不敢染指的租界，等洋人工厂缺乏原料的时候再待价而沽，绝对可以大赚一笔。这么做存在的风险主要有两点。首先是怕“小刀会”闹得势头太大，波及洋人，最后连胡雪岩自己也玉石俱焚。其次是怕“小刀会”闹得势头太小，洋人工厂还没来得及停工待料，他们就偃旗息鼓。这样一来，囤积在租界里的生丝为了节省高昂的仓储费用，就不得不低价快速出手，胡雪岩即便不赔了老本儿，起码也是白辛苦一场。

经过仔细分析形势，胡雪岩认为，迫于清廷和洋人的双重压力，“小刀会”做大的机会微乎其微。相反，为了镇压“小刀会”，避免他们从外部获得接济，特别是军火，清军一定会严密封锁上海。城门失火，殃及池鱼，在这种情况下，洋人的纺织厂撑不了半个月就可能停工待料，上海的生丝价格必定涨上天去。胡雪岩拿定主意，决定赌一把。

拿定主意的胡雪岩最担心的就是“小刀会”坚持不了半个月，就被清廷镇压下去。为了赌这一把，当时羽翼还未丰满的他四处抽调，还借了高利贷。如果真的出现最坏的结果，等待胡雪岩的可能只有自杀。问题在于，在当时的情况下，很多因素是无法以胡雪岩的意志为转移的。他能够做的，就只能是把自己控制范围以内的事情做好，然后听天由命。这是一场彻头彻尾的赌博。在等待消息的日子里，胡雪岩度日如年。所幸事情的结果最终总算天遂人愿，鉴于小刀会愈演愈烈，两江总督上书朝廷，力主对上海进行长期封锁。胡雪岩这把算是赌赢了。

胡雪岩的这个案例体现出智慧和勇气的完美结合。首先来说智慧的一面。为了赌这一把，胡雪岩事先收集了大量情报，对当时的形势进行了准确分析。问题在于，即便是在这样的前提之下，某些因素仍然是无法控制的，由此产生的风险是显而易见的，结果是无法预知的。面对这样的情况，过分的理智反而可能坏事，因为过于前思后想、瞻前顾后，可能因此失去迎难而上的勇气。在这个时候，更为弥足珍贵的其实是勇气，面对无法预测和掌控的未来，它可以帮助你迈出关键的一步。古今中外，类似“傻子意外成事，聪明人反被聪明误”的故事一直被人们不断地演绎、流传。很多人将傻子能够成事的原因归结为“傻人有傻福”，却忽略了“傻人”因为恰到好处的“傻”所带来的那份无所畏惧，这恰恰是很多“聪明人”缺乏的。

科学研究证明，除了爱因斯坦那样的天才，大多数人的智商其实都差不多，用老百姓的话来说就是“谁也不比谁傻”。面对风云变幻、风险与机遇并存的商场，多数商人在智力方面其实是基本处在同一起跑线上的，谁也不会比谁高明多少。对视利润为生命的商人而言，你当然可以希望市场能够按照自己设计的方向发展，希望自己能够预知一切，从而完全规避风险，稳扎稳打地获得一个可以预见的圆满结果。令人遗憾的是，这样的情况永远只能是你的希望而已。置身商场，有些情况终究是你无法掌控的，随之而来的风险也是无法预料的。这个问题你解决不了，别人同样解决不了。在这种情况下，智力已经无能为力，真正进行较量的其实是每个人的勇气。面对未知的黑暗，勇气意味着机会，勇气意味着利润。当然，勇气也可能带来无穷无尽的灾难。这就需要当事人对自己的命运做出勇敢的抉择。

话说回来，每个人都有权选择自己的生活方式，本书这里也无意对那些渴望踏踏实实过太平日子的人横加指责。然而正如胡雪岩所说“小险小利，大险大利”，要想做个能赚大钱的成功商人，摆脱小商贩的“初级阶段”，就必须拥有过人的胆识和气魄，敢做别人不敢去做的事情。风险当头勇者胜。要知道，当你一次次回避风险的时候，你可能真的躲过了一场浩劫，但也可能因此失去了一次机会。敢于冒险是任何怀揣“巨商富贾”梦的人必须具备的基本素质。从某种程度来说，凡是能够带来暴利的机会必然同时伴随着高风险。“撑死胆大的，饿死胆小的”是商界亘古不变的永恒真理。

相信自己

笔者问曰：别人的成功能否复制？

胡雪岩答曰：自信者，方能自强。

中国有句老话：“谋事在人，成事在天”。这句话虽然具有某些唯心宿命论的色彩，却也是无数代人生活经验的总结。与多数人的理解不同，胡雪岩却认为，谋事在人，成事其实也在人。胡雪岩的见解虽然难免有意气用事的嫌疑，却流露出了他对于自己高度自信。很多时候，自信是需要非凡的勇气的，相反，从众随大流则要简单、轻松得多。“别人都这么做，所以我也这么做”，是很多人处理一切问题的基本思路。在这些人看来，真理掌握在多数人手里，因此跟着大家一起走就肯定是最安全、最保险的，然而事实证明，真理经常掌握在少数人手里，从众并不一定就是绝对安全的。更何况，当你跟着别人的脚步亦步亦趋的时候，也就丧失了不可或缺的自主意识。这对于商人来说，可能是致命的。有这么一个笑话，形象地说明了我们这个民族从众心理的强烈：如果某个西方人在某条街上开餐馆取得了成功，那么他的同胞就会来到这条街上，利用已经积聚起来的人气，根据各自的情况，开设服装店、鞋帽店、酒吧之类的买卖；要是某个中国人在某条街道上开餐馆取得了成功，那么他的同胞就会陆续来到这条街上，开起无数家餐馆。

胡雪岩曾经说过：“自信者，方能自强。”勇于相信自我是商人不断开拓自己事业的动力和源泉，一个人如果缺乏开辟自己事业的非凡自信心，这个人就永远不会成为人生和事业的强者。永远跟在别人屁股后面，指望复制别人的成功是不可能的。那么做，即便取得了一定成就，充其量也只能算是别人的“山寨品”。人还是要走自己的路。

胡雪岩创办阜康钱庄伊始，就面临着一个“相信自己，还是听从亲友规劝”的两难抉择。胡雪岩打算创办阜康钱庄的时候，正好也是太平天国运动风起云涌的高潮阶段。比照一下地图就可以发现，太平天国运动波及的长江中下游及东南沿海地区恰好就是胡雪岩从事经营活动的主要范围。在兵荒马乱的年月，开钱庄无疑是风险系数相当高的买卖。首先来说，战端一开，人心惶惶，大家都愿意把现钱随身携带，以防不时之需，钱庄的客源非常成问题。再者说，即便钱庄可以吸收到一定的存款，这么多钱聚集在一起，本身就是个招灾惹祸的根源。更何况，当时中国的金融业主要是山西富商一手遮天，东南沿海地区的宁绍帮、镇江帮也不容小觑。跟这些业内巨头相比，胡雪岩除了在钱庄工作了些年头儿，具有比较丰富的工作经验以外，其他什么也没有，基本属于两手空空。听说胡雪岩打算开钱庄，亲友们纷至沓来，轮番劝说他要识时务，不要自不量力，还是做些稳妥的生计为好。可是几乎一无所有的胡雪岩就是相信，凭借自己混迹钱庄的多年经验，凭借自己对世故人情的洞悉明察，凭借自己独到的眼光和过人的手腕，再加上此时已在官场站稳脚跟的朋友王友龄的帮助，他一定可以和那些业内巨头分庭抗礼，闯出自己的一片天地。凭着这股自信，胡雪岩勇敢地走上了自己的创业之路，最后也就真的取得了成功。如果不是因为这份自信心，胡雪岩可能终生就只是个普普通通的钱庄伙计，也就不会创造后来“红顶商人”的不朽传奇了。

胡雪岩曾经告诫自己的朋友、后人：古往今来，凡想成大事，能成大事者，都必然具有一种自信心。这是一个成功者所应具有的自信和豪迈。若干年以后，当自己苦心经营的商业帝国由于洋人和贪官污吏的双重挤压而岌岌可危的时候，垂暮之年的胡雪岩再次表现出了这种自信和豪迈。面对听信谣言，争先恐后赶到阜康钱庄挤兑存款的人群，胡雪岩严令下属不得私下转移资产，坑害客户，即便因此倒闭也在所不惜。此时的胡雪岩虽然青春已逝，但信心不减当年，身处困境的他自信满满地向那些忧心忡忡的亲友、下属放出豪言：“我是一双空手起来的，到头来仍旧一双空手，不输啥！不仅不输，吃过、用过、阔过，都是赚头。只要我还有一口气在，我照样能一双空手再翻过来。

终其一生，胡雪岩始终秉持着“自信方能自强”的做人原则。很难想象，一个自信心不足的人会成为生活、工作中的强者，开创如此令人艳羡的事业。自信者，方能自强。唯有自信，才能像胡雪岩那样，拥有知难而进的非凡斗志和英雄气概，拥有临渊不惊、临危不惧的英雄本色。纵观古今中外的巨商大贾，他们大多出身低微，最初创业的时候，并没有现成的先例可以让他们去模仿、借鉴。这些人能够依靠的只有自己的聪明才智，再加上那份过人的自信心。正是凭借着这些品质，他们走出了属于自己的一条路，实现了自己的梦想，成为永远无法复制的经典和传奇。

认清自己

笔者问曰：我自认才华出众，却为什么总是怀才不遇？

胡雪岩答曰：人呢，要有自知之明。

知己知彼，百战百胜。“认清自己”并非仅仅搞清楚自己擅长什么，而是要实实在在地将自己呈现在自己的面前，然后客观地分析自己究竟擅长什么，喜欢什么，畏惧什么，优点是什么，弱点是什么。只有这样，才能找到自己做事的一套方式方法，充分发挥自己的长处，避开自己的不足，实现人生的既定目标。那些能够在事业上获得成功的人，大多都是能够认清自己的人。

胡雪岩作为成功的商人，他成功的首要之处就在于善于剖析自己，认清自己，能够发现自己的长处，避开自己的短处，做自己人生的主人。胡雪岩从当学徒的时候就发现，只要是自己经手的银钱账目，就总是一清二楚，丝毫不会出错，自己拥有做事调理清晰、对数字敏感的优势。胡雪岩因此认为，自己以后开钱庄，和钱打交道，那肯定是没有问题的。除此之外，胡雪岩还发现自己善于交际应酬。凡是他接待过的客户，对方的着装和言谈都可以在他的脑海里达到过目不忘的程度。胡雪岩因此认定自己的交际能力出众，以后可以借此发展各个方面的人脉。更重要的是，胡雪岩擅长在交谈过程中察言观色，准确摸透对方的嗜好、性情，进而投其所好。胡雪岩因此有充分的理由相信，他的资质可以充当一个称职的店铺掌柜，甚至大老板。充分认清自己的胡雪岩，下定了朝着这个方向前进的决心。

胡雪岩因为挪用公款资助王有龄，而被信和钱庄开除以后，几经辗转，后来终于又在一家于姓老板的小钱庄落了脚。因为非常能干，胡雪岩很快得到了老东家的赏识。东家为此不断提升胡雪岩，让他获得了更多的锻炼机会。到了最后，这位于姓老板干脆打算让胡雪岩出任钱庄的“档手”，这个职务相当于现在的经理，也就是仅次于东家的二把手。

获得提升当然是件好事儿，要是换了今天，刚进单位的小职员没上几天班，就突然被提拔当了一把手，那高兴恐怕还来不及呢。可是胡雪岩偏偏就不领这个情，他的理由是这样的：“我不愿意早早地担任档手。因为当档手就须打理全盘业务，也就会隔断了和外界的联系。档手虽然地位高，收入也多，但是以统筹为主，不再负责具体业务。为了以后的发展着想，我宁愿继续做现在的工作，以便积累经验和才干，精通各项业务。”这就是胡雪岩当时对自己的情况进行理智分析之后做出的清醒选择。

胡雪岩出人意料的选择让东家目瞪口呆，他根本没想到这个年轻人能够考虑得如此深远而透彻。于是，他改变了当初的决定，提升胡雪岩为钱庄的“襄理（相当于现在的总经理助理）”，方便他尽快全面掌握钱庄业务。胡雪岩在这个职位上如鱼得水，素质和能力进一步提升。

三年之后，东家病入膏肓，即将不久于人世。他把胡雪岩叫到病榻前，仔细询问关于钱庄业务的各种事情，胸有成竹的胡雪岩对答如流。东家至此彻底放了心，也对面前这个年轻人心悦诚服，无儿无女的他召集所有的员工到场，当众宣布胡雪岩成为钱庄的继承人。胡雪岩至此为自己今后的商业帝国奠定了基础。

无论何时何地，少年得志都属于低概率事件。相反，江郎才尽的事情却是经常发生的。很多人凭借才干或者运气，就像胡雪岩一样，年纪轻轻就获得了身居高位、名利双收的机会，却经常半途折戟。之所以出现这样的情况，恰恰是因为这些人在得志之后不能真正认清自己，认清形势，进而迷失了正确的方向。假如当年的胡雪岩贪图暂时的名利，那么，他也就未必能够取得令后人瞩目的成就了。有鉴于此，胡雪岩经常挂在嘴边的一句话就是：“人呢，要有自知之明。”他所说的“自知之明”，说白了，就是要求比较客观、公正地分析自我、剖析自己，知道自己的长处与不足，从而头脑清醒地朝着自己的目标迈进。

要拿定主意

笔者问曰：经商的门道儿那么多，似乎都很有诱惑力，不知道应该怎样选择？

胡雪岩答曰：办大事最要紧的是拿主意！主意一拿定，要说出个道理来并不难。

有这么一个故事，话说当年法军在滑铁卢战场上，同时面对多国联军的进攻，法军将领各有各的想法，很久也没能拿出相应的对策。最终，他们只好把皮球踢给了拿破仑。拿破仑的回答倒是很简单：“先投入战斗，然后再考虑怎么办。”拿破仑这么做并非出于盲目和不负责任，而是因为我们在现实生活当中往往要面临非常复杂的抉择难题。通常的情况是，公说公有理，婆说婆有理，各种选择似乎都有其存在的理由。这样一来，当事人反倒乱了手脚，有些人甚至因此不知所措，左思右想，主意想了一大堆，可就是留在原地不动，机遇因此也就被白白地放了过去。

条条大路通罗马。事实上，我们在生活中遇到的很多难题并非像儿时在学校里面对的数学应用题那样简单，只有唯一的正确答案，而是存在多种正确的方向可供选择。在这种情况下，如果过分瞻前顾后，纠结于找到最正确的答案，然后才着手行动，那往往就连黄花菜都凉了。相反，某些不那么“求甚解”的人，经常是在仅有少量把握的前提下凭直觉行事，却可以取得意想不到的收获。熟悉《杜拉拉升职记》的人可能都还记得这个情节，前去面试的杜拉拉和众多竞争者被要求解决一道切蛋糕的难题，杜拉拉最终胜出并非是因为她比别人切得高明，而是因为只有她一个人真正敢下刀子，采取实际的行动。胡雪岩对于这个问题的理解是：“办大事最要紧的是拿主意！主意一拿定，要说出个道理来并不难。”

置身于竞争激烈的商场，思考力是必需的，然而执行力却可能更加重要，缺少了后者，前者就不具备任何价值。成功的方案可能有千百种，问题的关键在于拿定主意，将方案变成实际的行动。只有拿定主意，才会获得相应的动力，进而为了实现目标付出努力，最终获得相应的回报。童年时代的胡雪岩只是贫苦人家的放牛娃，之所以能一步步走向成功，成为世人仰慕的红顶商人，生活富足，家境殷实，这和他从小就“主意正”的特点是分不开的。

胡雪岩很小的时候父亲就去世了。临终前，父亲把身为老大的胡雪岩叫到床边，叮嘱他说：“欲兴吾家，其惟顺儿（胡雪岩的小名）乎！”父亲的临终嘱托成为胡雪岩奋斗的最初动力。

中国人向来就有“长兄如父”的传统，父亲去世以后，作为家里的老大，胡雪岩深知自己责任重大。他下定决心要把这个家维持下去，还要让它兴旺发达起来。在古代中国，发家的途径其实很多，比如读书考取功名，然后混迹官场；老老实实种田，攒钱买地，最终成为地主；投军吃粮，用军功换取名爵。此时的胡雪岩站在人生的十字路口上，面临着艰难的抉择。胡雪岩并没有犹豫太久，而是干脆地拿定主意准备经商。此时的他既没有本钱，也没有靠山，做出这个决定的唯一依据就是安徽人有经商的传统。既然别人可以通过这条路获得成功，那么他胡雪岩自然也可以。

拿定主意要靠经商发家的胡雪岩从当学徒开始就吃苦耐劳，什么脏活累活都干。每天早起先替师傅、师兄们倒夜壶，然后还要做早饭，打扫卫生，经常饭都来不及吃，就要去店堂招呼顾客。日复一日，胡雪岩之所以能这么坚持下来，就在于他拿定主意要成为一名出色的商人。拿定主意经商发家的胡雪岩不仅能吃苦，还会动脑子。孔子有云："劳心者治人，劳力者治于人。"伙计如果不会动脑子，就永远只能当伙计，果腹尚可，想发家根本就是痴人说梦。胡雪岩的目标则是要当掌柜，当东家，挣大钱，要家人过上好日子。所以每天店铺开门营业以后，胡雪岩就会不动声色地学习掌柜、老板的一举一动，同时还尽可能多地争取接待客户的机会，锻炼自己的交际能力，为将来的发展积累人脉。

心怀大志的胡雪岩竭尽所能为客人提供便利，获得了他们的广泛认可，偶尔还能得到些许小费。此时的胡雪岩已经懂得为自己的将来"投资"，除了将这笔钱的大头儿交给母亲，还专门拿出剩余的部分时常到街上买些瓜子、糖果之类的零食孝敬、讨好那些年长的伙计，逢年过节的时候，还要给老板娘送点针头线脑之类的小礼物。这些东西都不值钱，却帮他赢得了广泛的好人缘。几年以后，困境中的胡雪岩偶然听说杭州的一家小钱庄，也就是前面提到的于姓老板的钱庄要招伙计，心怀发家梦的他在家人、朋友的反对声中，毅然前往杭州投靠。胡雪岩之所以这么果断，是因为他认定杭州这个"大地方"可以让他见大世面，学到更多的东西，成长得更快。

从"事后诸葛亮"的眼光来看，以胡雪岩的聪明才智，如果当年的他做出其他选择，未必就不能成就一番事业。可是历史没有"如果"，问题的关键在于，抉择面前的胡雪岩拿定了主意，选择了自己认为正确的道路，坚定地走了下去，最终获得了成功。事实证明，他的选择是正确的。

“怕”字当头不可取

笔者问曰：人生险恶，商场险恶。怎么才能不畏缩，不害怕？

胡雪岩答曰：我遇到太平军，实在有点怕，可是越怕越误事，索性大胆去闯，反倒没事。

人生无常。人总会对未知的前途充满恐惧心理，怕这怕那。对多数人而言，各种各样的“怕”会导致做事优柔寡断，缺少魄力，瞻前顾后，直接的结果就是造成做事拖拉。一件事情原本可以很快搞定，却偏偏要东想西想，犹犹豫豫，甚至因为害怕而不敢出手，最终白白错失良机。对于商人而言，商场中处处充满阴谋和陷阱，也随处遍布商机，如果总是“怕”字当头，最终只会一事无成。胡雪岩向来是个“贼大胆儿”，不但敢于把握眼前的机会，就算没有机会，也敢于创造机会，如此出众的胆略和魄力最终助力了他成功。

话说当年清政府为了镇压太平军，方便筹措军费、粮饷，开始由户部发行一种纸钞，这种纸钞当时叫作“官票”。中国在 1949 年以前的很长时间实行的都是银本位货币制，流通领域使用的几乎都是白花花的现银。问题在于，太平天国起义以后，清政府失去了作为重要税收来源的江南地区，国家财政变得非常拮据，于是不得不通过发行纸币弥补赤字。这种纸币本质上和当时市面上流通的银票差不多，既可以直接当钱用，也可以兑换现银，只不过这种纸币是由国家统一发行的，原先的各种银票则是那些有信誉的大钱庄自己印刷的。通俗地说，所谓“官票”，其实就是清政府为镇压太平天国专门发行的国家公债。

问题在于，这些不值钱的纸片本身不能当钱花，政府规定发行官票要先由钱庄或者票号来认购。这种认购当然是有风险的，因为户部发行官票的时候根本就没有保证金。虽然官票上明确写着“愿将官票兑换现银者，与银一律”的字样，可是如果官票发行得太多太滥而导致现银不足。那么“以票兑银”不但成为空话，甚至原来的本金也可能打水漂。这样的事情并非是不可能发生的。有鉴于此，阜康钱庄的掌柜认为官票将来很可能变成废纸，建议东家胡雪岩不要认购。

话虽如此，作为东家的胡雪岩却不这么认为。正如前面所说，胡雪岩是个眼光敏锐而且不知道害怕的人。在他看来，生意能做与否，成功与否，主要取决于生意人自己，并不完全取决于外部因素。用现在的话来说，就是“内因起决定作用”。他认为乱世之中虽然生意难做，但同时也存在着无数机会。风险越高，回报也可能越大。在胡雪岩看来，认购官票这件事情，虽然风险大，回报周期长，但各种有形、无形的利润也非常可观。随后的事实证明，敏锐的市场嗅觉，再加上过人的胆略，在关键时刻成就了胡雪岩。

敢“花钱”

笔者问曰：手里有了钱怎么才能留住，不花出去？

胡雪岩答曰：做什么事都要敢于“赌”，敢于出钱。我有了钱，不是拿银票糊墙壁，看看过瘾就完事。我有了钱就要用出去。

可能有人会说：“花钱有什么敢和不敢的，挣钱不容易，花钱还不容易，给我个十万、八万的，分分钟就花出去。”这里所说的“花钱”，其实并非那种败家子式的盲目消费，甚至浪费，而是指有目的、有计划的理财行为。21世纪的今天，多数中国人仍旧延续着古老的传统，辛苦挣钱，然后挖空心思地想办法把这些钱留在手里，并以不再把它们花出去为能事、为乐事。每个人都有权选择自己的生活方式，但仅就那些有志于商场的人士而言，这样的观念和做法却是过于保守，甚至错误的。

众所周知，资金充足是商业运作最为重要的基础，如果没有充足的资金作为前提保证，商业活动将会停滞，甚至是终止。换言之，就是要敢把手里的钱花出去，让它流动起来，最终实现“钱生钱”的目的。但凡成功的商人，都是“花钱”的高手，他们不但敢花自己的钱，也敢花别人的钱。相反，那些赚了钱之后就把钱死死攥在手里，指望“一分钱万万年”的人，充其量只能算是守财奴而已。

胡雪岩无疑属于这些高手中的一个。前面已经提到，胡雪岩这个人从小家境贫寒，完全是靠自己的努力，白手起家，最终做大的。常年混迹商场的他深知“花钱”的好处，从不把钱锁在柜子里发霉，而是想尽办法让它们流动起来。

胡雪岩从钱庄学徒摇身一变成了老板以后，按照大家通常的逻辑，他就应该在这个自己已经站稳脚跟的领域踏踏实实地继续做下去，慢慢积累，慢慢扩大规模，可他偏偏就是个不安分的人。眼看着钱庄账房里那些白花花的银子，胡雪岩似乎总觉得要把它们花出去才安心。于是，他先是投资蚕丝生意，随后又开起了药店，卖起了军火。胡雪岩的钱越赚越多，可他从没让这些钱在自己手里停留太久，而是想方设法地要把钱花出去，再靠钱来赚钱。在胡雪岩看来，做生意最没出息的做法就是死守着一个行当不挪窝儿，一分钱、一分钱地去计较那些蝇头小利。秉持这种观念和做法的人只能是个小买卖人，维持温饱尚可，一辈子也不会有什么大成就。

正如前面所说，商业经营领域有个铁定的规律，那就是“钱能生钱”。作为商人，如果拥有了一定数量的资本，再加上合理有效地运用、规划和调配，想要赚更多的钱其实是很容易的，因此中国民间才会有“钱生钱，不犯难”的谚语。当然，类似这样以赚钱为目的的“花钱”需要很大的智慧，不是简单地把钱拿出来，然后随便找个投资项目就可以的。有鉴于此，合理运用、规划、调配，进而投资手里的资本，对任何商人而言，都是对于才干和智慧的极大考验。

中国传统商人向来就有“一文钱闯天下”的魄力，之所以具备这样的魄力，就在于这些商人真正掌握了用钱生钱的秘诀。

虽然中国自古就有“积少成多”的说法，但是仅就理财、经营方面来说，这个观念已经落后了，甚至是错误的。对现代人而言，在钱的方面，“积少”并不一定就能“成多”。事实上，已经有学者做过相关研究，就目前的经济形势，特别是通胀率来看，如果我们仅仅把钱存在银行里，即便可以得到有限的利息，最终其实也是赔本的。举个例子来说，如果你现在把1万元钱存进银行固定不动，按照目前货币贬值的速度，若干年以后，这1万块元虽然还是1万元，但它在购买力方面和你存钱的时候相比，却已经打了很大的折扣，就算加上利息，你也是“稳赔不赚”的。在这种情况下，胡雪岩的“花钱”秘诀无论对商业人士，还是对普通百姓，都具有重要的借鉴意义。

胡雪岩有句口头禅：“铜钱眼儿里翻跟斗。”综观他的一生，胡雪岩的确是个在钱眼儿里翻跟斗的高手。白手起家的他凭借着自己的机灵、天赋和勤奋赚到了人生中的“第一桶金”，然后就开始不停地在钱眼儿里翻跟斗。从最初开办阜康钱庄，到创立胡记典当行，乃至涉足生丝、军火，胡雪岩的经商史就是一部“钱生钱”的历史，他不但善于用自己的钱生钱，还善于借鸡生蛋，花别人的银子，赚自己的钱。

从古到今，商界都流传着这么一句话：用自己的钱赚钱的商人只是二等商人，用别人的钱赚钱的商人才是一等商人。大家形象地将后一种行为概括为“借鸡生蛋”。在现代社会里，越来越多的人已经意识到了借鸡生蛋的重要作用，任何有志于商场的人贯穿自己的事业始终，都会通过各种办法“借鸡”，按照现在经济领域的专业术语，这种行为叫“融资”。

在没有充足资金基础，甚至白手起家的前提下，如何找到资金，让自己的商业活动运转起来，唯一的指望就是让别人乐意把“鸡”借给你，这需要高超的商业智慧。胡雪岩就是个精通借鸡生蛋诀窍的人。事实上，胡雪岩这个苦孩子之所以能够摇身一变，成了名垂史册的红顶商人，最关键的因素就在于他敢于而且善于借鸡生蛋，能够“花别人的钱，办自己的事”。胡雪岩借鸡生蛋的诀窍说起来其实很简单，就是一句话：“八个坛子七个盖，盖来盖去不穿帮。”这是他得以维持自己庞大商业帝国的最基本原则。

想当初胡雪岩准备创立胡庆余堂的时候，面临的首要问题就是钱不够。按照胡雪岩的设想，成立这家药店的启动资金至少需要 10 万两银子。这在当时可不是一笔小数目，足够一个普通农民过上十多辈子。为了开办药店，胡雪岩想出了两个借鸡生蛋的好主意。

他的目光首先瞄准了杭州那些贪污受贿、中饱私囊，已经被老百姓喂得肥头大耳的官员。这些人整天不干正事儿，就知道搜刮民脂民膏，手里的钱多得数不清。胡雪岩选定的第一个目标是浙江巡抚黄宗汉。他之所以直接就敢拿巡抚大人开刀，首先是因为意识到当时的时局兵荒马乱，大家对医药方面的需求与日俱增，开药店绝对是一本万利；其次，医药行业毕竟不同于别的买卖，这个行当既可以赚钱，还能赢得“济世救人”的好名声。黄宗汉这个人贪婪无比，又极好虚荣，看到以上两点好处，绝对不可能放过到了嘴边儿的肥肉。巡抚大人带了头儿，其他官员自然也就趋之若鹜了。

启动资金搞定了，胡庆余堂要想真正运作起来，还需要稳定的资金链，也就是说要不断把货卖出去，回笼资金，然后再买货。只有这样，钱才能真正生钱，从别人那里借来的“鸡”也才能真正替自己“下蛋”。这次，精明的胡雪岩盯上了朝廷的“政府采购”项目。胡庆余堂成立的年代恰好是太平天国运动风起云涌的时候，为了镇压起义者，清廷在军费开销方面可谓不遗余力、不计成本。胡雪岩也打算从中分一杯羹。

胡雪岩的运气很好，他的远房亲戚刘不才手里恰好有个名为“诸葛行军散”的祖传秘方，据说疗效奇特，专治军队行军打仗时容易发生的各种瘟疫。胡雪岩拿到这个秘方，立刻开始有针对性地结交军队中负责后勤保障的官员。兵马未动，粮草先行。军队要打仗，离开银子是不成的。为了镇压太平天国，捉襟见肘的清廷只得加重民间的各种捐税。胡雪岩作为当时有名的富商，自然首当其冲。眼看这个麻烦甩不掉，胡雪岩索性把它变成了自己的机会。他提出了以“诸葛行军散”顶替捐税的办法，也就是说，按照成本价把这些药折合成银子，用来抵偿胡雪岩应付的捐税。这样一来，胡雪岩虽然吃了亏，但是“诸葛行军散”却因此在军队中打开了销路，获得了认可。更何况，抵偿捐税的那点儿药毕竟有限，与军队的实际需求量相比杯水车薪。手里的药吃完了，就只能再找胡庆余堂买，胡雪岩自然也就不可能再按成本价卖给他们，反而开始坐地涨价。一来二去，“诸葛行军散”成了清军指定的军需品，朝廷不再采取购买成药的办法，而是直接拨款，指定胡庆余堂负责生产。这样一来，胡雪岩自己一分钱也不用花，就赚到了大笔利润，胡庆余堂的雪球因此越滚越大。

对于胡雪岩式的“借鸡生蛋”，大洋彼岸的亿万富翁马克·哈罗德森似乎也有同感，他曾经这样说过：“别人的钱是我成功的钥匙。把别人的钱和别人的努力结合起来，再加上你自己的梦想和一套奇特而行之有效的方法，然后，你再走上舞台，尽情地指挥你那奇妙的经济管弦乐队。”自从货币产生以来，随着社会的进步，生活水平的提高，人们的消费观念、投资意识也在逐渐增强。对于那些懂得资本意义的人来说，他们手里的货币将不再是普通的等价交换物或者财富象征，而是成就人生的手段和本钱。因此，会花钱、敢花钱，甚至敢花别人的钱也将成为成功人士不可或缺的一种重要能力。

认真走向成功

笔者问曰：我天生平庸，才华不出众，相貌不出众，背景不出众，总之就是什么都不出众，是否还有成功的希望？

胡雪岩答曰：世界上很多事，本来就用不着有才干的人去做，平常人也能做，只看你是不是肯做，是不是一本正经地去做。能够这样，就是个了不起的人。

要想真正走向成功，仅仅拿定主意，明确目标是不够；仅仅敢作敢为，有胆有识也是不够的；你还需要一点儿认真的精神，甚至是“一根筋”的精神。纵观人类历史，成就大事的人往往都有个共同的特点，那就是认真，认真得有点儿冒“傻气”。正是因为认真，他们才能集中精力，沿着自己选择的方向笃定地走下去，最终取得成功。相反，有些人终生一事无成，并非因为他们比别人傻，而是因为他们比别人“聪明”，“聪明”得过分。

“认真”这两个字说起来很容易，真做起来却很难，它需要一种严肃细心的态度作为支撑，它要求当事人绝不草率地对待眼前的任何事情。老子有云：“天下难事，必作于易；天下大事，必作于细。”这里面的“细”字强调的就是一种认真的精神。面对难事、大事，如果采取敷衍了事的态度，那么难事就会变得更难，问题会变得越来越复杂。因此，认真的首要要求就是重视细节，从小事做起。

中国自古就有“一屋不扫，何以扫天下”的格言。这句格言本质上讲的就是从小事做起的认真精神。有些事看起来很简单，很平凡，但是，把每件简单的事做好了就是不简单，把每件平凡的事做好就是不平凡。胡雪岩作为商人楷模，做事向来不敷衍了事，这种精神不仅体现在经商方面，也体现在日常生活当中。

前面曾经提到，小时候的胡雪岩家境贫寒，为了维持生活，只能去帮别人放牛。一天下午，胡雪岩像往常一样把牛赶到地里吃草。趁着牛自己吃草的工夫，胡雪岩打算到边上的凉亭休息一下。走过去才发现，凉亭里虽然没人，却有个蓝布的大包袱。胡雪岩四处看了看，没发现任何人。出于好奇，他走过去伸手摸了摸包袱，感觉硬邦邦的，拿起来掂掂，分量也很重。打开一看，发现里面居然都是金银财宝。小时候的胡雪岩虽然家境贫寒，但是家教很好。他心里很清楚，既然这些东西不是自己的，就坚决不能拿，而且失主丢了这么多钱肯定非常着急，一定是在四处寻找。于是，他决定留在凉亭等待失主回来。

在这方面，胡雪岩体现出了远远超过同龄人的心智。为了防止抢劫或者冒领，他并没有直接抱着包袱坐在那里傻等，而是首先清点了包袱里的财物数量，然后就把它藏到了周围的草丛里。这之后，胡雪岩就像没事儿人一样，坐在亭子里等失主。直到太阳都快下山了，才有一个人神色慌张、气喘吁吁地跑过来，询问他是不是捡到了什么东西。细心的胡雪岩并没有直接回答，而是反问对方丢了什么。那人回答说丢了个蓝色的包袱。话说到这个程度，换做有的人可能直接就把包袱拿出来了，可是细心的胡雪岩并没有这么做，而是继续询问包袱里都有什么，数量是多少。那个人把情况说得一点儿不差，胡雪岩这才将包袱从草丛里取出还给了他。

胡雪岩自己可能也没想到，自己人生的转机就此来到了。原来，丢东西的人正是信和钱庄的掌柜的，他看到这个孩子如此诚实，更重要的是年纪虽小却如此有心计，办事一丝不苟，就邀请他到钱庄给自己当徒弟。就这样，胡雪岩开始了自己的成功之路，也将办事一丝不苟的精神坚持了下去。当今社会，很多人一事无成，往往并非因为在能力上有欠缺，恰恰是因为他们缺少胡雪岩这种做事的认真精神。

小不忍则乱大谋

笔者问曰：人人平等，凭什么总让我忍？

胡雪岩答曰：留得青山在，不怕没柴烧。忍一时之气，可以成就一世，未尝不是一件幸事。

俗话说得好，“忍”字头上有把刀。可见，要想达到“忍”这个境界其实是很不容易的，须付出很多。很多时候，“忍”也是一种功夫，一种素质，并非所有人都能做到。古今中外，那些能够成大事的人往往都是具有非凡忍耐力的人，“忍”是他们走向成功的必由之路。当然，这里所说的“忍”，并不是盲目而无原则地忍让，而是有韧性、有理智地忍，是为了长远目标的实现而采取的一种战略放弃。现在的“失去”，是为了以后的“得到”。胡雪岩的一生，无论做官还是经商，都能够从长远利益出发，顾全大局，忍一时之气。这是他之所以能够取得成功的一个重要原因。

话说杭州城当初有个姓张的秀才，这个人学问不怎么样，但自我感觉非常良好，倚仗自己身上的功名，经常干些结交官府、包揽诉讼之类的事情。时间长了，张秀才就感觉自己比别人高出一头，变得有些欺软怕硬，横行霸道，成了有文化的流氓。因为偶然的原因，他和胡雪岩结了仇，从此开始暗中作对。

原来，王有龄刚到杭州上任时，曾经立志革除积弊。原先的杭州知府有一项收费，是专门针对新开张的店铺征收的“常例”，规定但凡新店铺开张，就得给上上下下的衙门，特别是那些衙役们进贡，说白了就是勒索。王有龄觉得这个名目不合理，于是就贴出告示，废止了它。

新官上任三把火，面对积极性正高的新任知府，钱塘、仁和两县的差役虽然断了条来钱的财路，却也不敢过分作梗，唯恐撞到新任老爷的枪口上。问题在于，杭州作为当时浙江省的省城，不仅有县衙、府衙，还有巡抚、两司之类的衙门，用现在的话说，就是省一级的机关。这些衙门里的衙役认为自己靠山硬，根本不买王有龄的账，常例照收不误。话说回来，让这些官人直接穿着官服上街收保护费，面子上终究还是不太好看，所以他们就把这件事情委托给了张秀才，双方约定，钱收上来以后三七分账。

没想到张秀才这个人运气不好，保护费刚收了没几天，就迎面撞上了知府大人王有龄乘坐轿子路过此地。王有龄做梦也没想到，自己的告示刚贴出去不久，张秀才就敢顶风作案。这个问题如果不严肃处理，老百姓的利益姑且不说，自己的面子往哪儿放？王有龄当街狠狠教训了张秀才一顿，还声称要革除他的功名。要知道，在封建社会，功名就意味着一系列的特权。张秀才之所以敢如此骄横，靠的也就是这个秀才功名。革了秀才，就等于砸了张秀才的饭碗。这下，张秀才可真是害怕了。

王有龄走后，张秀才冥思苦想自救的方法，想来想去，觉得只有去求王有龄的好朋友胡雪岩这一条路。拿定主意的张秀才跑到胡雪岩家鼻涕眼泪地表演了一通，胡雪岩是个热心人，见不得这个，也没详细询问内情，直接就答应了下来。直到见着王有龄，胡雪岩才意识到问题的严重后果。还是那句话，张秀才属于“顶风作案”，等于是在打王有龄的脸，这个问题想不处理都不行。尽管如此，胡雪岩还是死说活说，将原先拟定的“革除功名，杖打两百，枷号三个月”的惩罚改为只革功名，免了张秀才的皮肉之苦。

没想到得了便宜的张秀才不知道内情，反而对革除功名一事耿耿于怀，开始对胡雪岩怀恨在心，认为他两面三刀，答应替自己办事又不出力。所以处处看胡雪岩不顺眼，处处给他找麻烦。张秀才不断挑衅，胡雪岩本着“小不忍，则乱大谋”的原则，能忍就忍，从没想过对张秀才以牙还牙，不仅如此，他还打算收服张秀才为自己所用。

在当年杭州城老百姓的传言当中，张秀才是个天不怕地不怕的主儿，世上只有两种人能降住他，首先是当官的，其次就是他儿子。张秀才的儿子是个典型的败家子，吃喝嫖赌无所不为，张秀才虽然费尽心机地弄钱，却抵不过儿子的挥霍速度。号准了张秀才脉的胡雪岩决定就从他儿子入手，他派出赌技高超的手下混进赌场，专门关照张秀才的儿子，保证他只赚不赔。儿子在赌场上不输钱了，张秀才的日子自然也就好过了不少。张秀才嘴上不说，心里却对胡雪岩充满感激。从此不再与他作对。

正是由于具有长远的眼光，秉持“小不忍则乱大谋”，不是仅仅盯着眼前的得失，胡雪岩才为自己的将来争取到了可观的利益。由此可见，暂时的忍让并非怯懦的表现，而是一种做人的智慧。忍一时之气，以退为进，其实也是一种深远的谋划。为了大局，为了自己将来的事业，暂时忍耐又算得了什么呢？

更何况，这个“忍”字背后还可能蕴藏着意想不到的回报。

别把鸡蛋放在一个篮子里

笔者问曰：做生意专注于一点好，还是四面出击好？

胡雪岩答曰：做生意应该活络些。

生活中很多人都有这样的经验，出门在外的时候，随身携带的现金要分几个地方放。这样，万一钱包不幸被小偷偷了，起码也不至于落到山穷水尽的地步。这种做法的实质其实就是“别把鸡蛋放在一个篮子里”。类似的原理在商场当中同样适用，它要求生意人不能过分一根筋，不能一条道儿跑到黑，把所有的筹码都押在一个地方。

这其中的道理如果换成胡雪岩的话来说，就是“生意应该活络一些”。胡雪岩所说的“活络”，内涵包括很多方面，它的核心理念在于不死守一方，灵活出击，而且要敢作敢为、想到做到，决不犹豫、拖拖拉拉。在胡雪岩看来，做生意须讲究灵活性，不能把鸡蛋放在一个篮子里。例如，投资、经营的时候，就要学会分散投资，多种经营，这样一来，风险也就相对分散了，即便某些方面出现意外，最后的结果至少也是有赔有赚，不会把老本儿彻底输光。

前面提到的胡庆余堂，其实就是胡雪岩为了“不把鸡蛋放在一个篮子里”，尽可能分散经营风险的产物。想当初，为了入手蚕丝生意，胡雪岩曾经数次来到当时中国最主要的蚕丝产地湖州。凭借高超的交际手腕，他很快就结识了湖州当地颇有影响力的府衙书办郁四。郁四这个人为了报答胡雪岩的几次仗义出手，主动撮合寡居的芙蓉姑娘给他当的“偏房”。

芙蓉姑娘本姓刘，虽然暂时落魄，原先家里其实也是做大买卖的，主要经营一家名为“刘敬德堂”的药店，属于湖州知名度最高的药店。刘敬德堂传到芙蓉姑娘父亲那辈的时候还颇具规模的，只可惜天有不测风云，十几年前，芙蓉姑娘的父亲到四川采办药材，途中遇险，不但丢了性命，成船的药材也损失殆尽，刘敬德堂就此一蹶不振。芙蓉姑娘遇到胡雪岩的时候，掌管刘敬德堂的是她的叔叔，这个叔叔就是后来为胡雪岩贡献了“诸葛行军散”的刘不才。芙蓉姑娘这个叔叔之所以外号“刘不才”，就是因为他好赌成性，除了挥霍之外什么也不会，是个标准的纨绔子弟。在刘不才手里，原本已经遭受沉重打击的刘敬德堂雪上加霜，最后居然把药店连房子带存货都典当了出去，全家人过着有今天没明天的日子。

刘不才这个人虽然没什么本事，还混倒了架子，却仍然很要面子。在他看来，自己的侄女怎么说也是大户人家的女儿，绝对不能给胡雪岩做偏房。即便后来这门婚事生米做成了熟饭，他依旧不认胡雪岩这个亲戚。尽管如此，胡雪岩却没有对这个“叔叔”心怀记恨，反而还打算拉他一把。当然，胡雪岩这么做并不仅仅是为了亲情，而是蕴含着长远的考虑。当时的胡雪岩羽翼未丰，最主要的利润来源仍然是钱庄。钱庄这个行当来钱很快，可以说是存在暴利的，却也有个致命的缺陷，那就是钱庄的“命根子”始终要攥在客户手里。万一哪天出现集中挤兑的情况，钱庄的资金就会立刻周转不灵，胡雪岩转眼间就可能倾家荡产。有鉴于此，胡雪岩一直就在考虑涉足别的领域，尽可能分散自己的经营风险。芙蓉姑娘偶然提到的关于自己家祖传药方的事情，让胡雪岩有了灵感，他决定入手医药行业。

按照芙蓉姑娘的想法，既然胡雪岩对自己娘家的秘方感兴趣，那干脆就由自己出面，把叔叔手里的几张祖传秘方买过来，给他些钱，然后一劳永逸地甩掉这个“大包袱”，再让丈夫转手卖个好价钱，然而胡雪岩的考虑却更加深远。当时的胡雪岩在商场摸爬滚打已经有些年头，凭直觉判断，他觉得开药店在当时是个相当可观而且稳定的财路。前面已经提到，胡雪岩准备涉足医药行业的时代，太平天国运动正好风起云涌。无论清军，还是太平军，都需要大量药品。更何况战争导致百姓们流离失所，生活条件下降，人变得更容易生病。再者说，不管哪朝哪代，总是要有人生病的，生了病自然就得看病、买药，从这点来说，医药行业是个“超级铁饭碗”，远比经营钱庄稳定得多。在这种情况下，从事医药行业不仅能落下“活人济世，行善积德”的好名声，还可以赚到大把的银子，何乐而不为呢？

至于刘不才这个人，胡雪岩也没把他视为“包袱”，相反还认为这位“叔叔”是个可以造就的人才。首先来说，这个人落魄，但还死要面子，说明他有很强的上进心，只要稍加引导，就可以为自己所用；另外，刘不才虽然是个纨绔子弟，但毕竟混迹医药行业多年，多少有些经验，再怎么也比自己这个门外汉强。退一步讲，按照刘不才的性格，想让他仅仅为了几个钱就交出祖传秘方，恐怕也是办不到的。拿定主意的胡雪岩放下架子，真的把刘不才当成叔叔对待，处处小心伺候。人心都是肉长的，刘不才再顽固，也架不住胡雪岩日复一日地做工作。终于，这位“叔叔”放出话来，让胡雪岩出钱办桌酒席，请自己吃顿饭，这个亲戚关系就算认下了。就在认亲喜宴上，胡雪岩和刘不才谈妥了联手开办药店的地点、规模、资金等等事项。胡庆余堂自此风生水起，甚至超过阜康钱庄，成了胡雪岩最主要的利润来源。

胡雪岩的一生，可以用两个字来形容，那就是“折腾”。作为中国最后一代真正的传统商人，中国传统文化所崇尚的“守成”“本分”之类的字眼儿似乎始终和这个人绝缘。对胡雪岩而言，守着一处买卖过安稳日子的生活是无法想象的，但凡有机会，他就要出手折腾折腾。这么折腾来折腾去的，还就真的折腾出来一个涉及五行八作、涵盖衣食住行的庞大商业帝国。多样的经营范围将胡雪岩所承受的风险降到了最低，不仅能够确保他的“鸡蛋”不在一次打击当中全军覆没，还让他手里的鸡蛋越变越多，最终成就了属于胡雪岩的神话。

把握机缘　随机应变

一个人如果要有所成就，一半靠本事，一半靠机会。

——胡雪岩

成功的商人都懂得机缘的重要作用。机缘这个东西，来得快，去得也快，抓住了它，往往可以取得意想不到的成就。会做生意的人必然善于把握时势，发现机会，加以利用，将它们变成实实在在的利益。

“机不我待”，且行且珍惜

笔者问曰：机会对生意人而言意味着什么？

胡雪岩答曰：会做生意的人，除了精通取势用势外，还要特别善于发现机会，要能够很好地把握和利用机会，要学会把机会变成实实在在的银子。

中国人有句老话：天上不会掉馅饼。这句话的意思是说，好事、运气是不那么容易出现在你面前的。当然，凡事都有例外，如果哪天你的脑袋真被“馅饼”砸了，那就是机遇到了。所谓“机遇”，指的是出现在各个领域中的良机，它具有很多特性：首先是“意外”，指的是机遇的到来无法事先确定；其次是“瞬时”，意在强调机遇稍纵即逝；最后是“经常”，也就是说机遇的到来虽然属于低概率事件，但毕竟还是要比天上掉馅饼的概率高得多，错过一次机会不要紧，还可以等待下一次。人们如此看重机遇，就在于它能给我们带来意想不到的好处，帮助我们创造意想不到的成就，可以被视为通往成功的捷径。正因为这个道理，胡雪岩才会为后人留下这样的告诫：“会做生意的人，除了精通取势用势外，还要特别善于发现机会，要能够很好地把握和利用机会，要学会把机会变成实实在在的银子。”就胡雪岩个人而言，他就是个善于发现机会，把握机会，利用机会的成功者。

胡雪岩刚开始接触生丝生意的时候，刚好是西方资本主义工业生产，特别是纺织工业大发展的时期。西方的纺织工业壮大了，自然就须从中国这个传统的蚕桑国度进口原料。对于那个时代的中国商人而言，这的确是个千载难逢的机会，但凡跟纺织领域沾边儿的人，几乎都发了大财。胡雪岩也是因为偶然的原因，才发现其中的商机。

前面已经提到，王有龄在海运局任职时，曾经敦请胡雪岩帮助自己解决漕米运输方面的难题。插手漕米业务，让胡雪岩有了更多在杭州、上海之间奔走的机会。那时候从杭州到上海最便捷的途径是水路，为了方便起见，胡雪岩长期包用了一条乌篷船。跟胡雪岩打交道的船家家里本身还养蚕、纺丝，这就让他有了就近请教其中内情的机会。后来，同样是为了帮王有龄解决漕米运输问题，胡雪岩又跟漕帮建立起了良好的关系，因此结识了非常熟悉洋场生意的古应春，掌握了和洋人打交道的诀窍。这让胡雪岩萌生了从事生丝买卖的念头。偏赶上这时王有龄调任湖州知府，湖州又是当时中国重要的蚕丝产地。几个机缘加在一起，就让胡雪岩这个完全不懂蚕丝生意的门外汉做起了生丝买卖，而且还因此赚了大钱。

从表面上看，胡雪岩能够在生丝领域取得成功，是因为一系列的“巧合”，靠的是好运气。但是，如果面对这些机遇和好运气的胡雪岩没有一双善于发现机遇的眼睛，不懂得把握机遇，那么到手的好运气也可能被白白放过去。事实上，每天坐船往来杭州、上海的并非只有胡雪岩一个人，拥有做生意本钱的并非只有胡雪岩一个人，认识王有龄的也并非只有胡雪岩一个人，最后在这方面取得成功的却只有胡雪岩一个人。这充分说明，很多时候，机会的重要作用并非仅仅在于机会本身，而是在于我们如何把握机会。

类似这样善于发现机会、把握机会的案例在胡雪岩身上可谓举不胜举。还有一次，胡雪岩把从湖州刚收来的新丝运到上海，准备转手卖出去。奇怪的是，此时急需周转资金的胡雪岩并没有着急出手，而是把手里的生丝存了起来。胡雪岩之所以这么做，首先是因为当时洋商开出的价位并不理想；其次，也是更深层的原因还在于当时的他认为自己打算联合同行控制生丝市场的条件还没有成熟。在这种情况下，他根本不具备与洋商讨价还价的实力，只能任人宰割。要想获得和洋商分庭抗礼的机会，就必须联合同行，垄断生丝收购。

为了达到上述目的，胡雪岩一方面请刚结识的上海朋友古应春出山，加紧和洋商谈判；另一方面则派出亲信，笼络上海的丝商大户，以便联合更多同行垄断市场。时间到了第二年年初，等待了整整一年的胡雪岩终于和上海丝商大户达成一致意见，形成了针对洋人的“统一战线”。偏赶上这时清廷进行制度改革，决定设立内地海关，增加了茧捐。面对这样的局面，原本锱铢必较的洋商也逐渐松了口。胡雪岩苦苦等待的时机终于到了，他果断出手，一次就净赚了 18 万两银子，从此还在价格方面占据了对于洋商的优势。如果胡雪岩当初贪图一时的蝇头小利，盲目出手，那么这个赚大钱的机会也就被他白白放过去了。

没有机遇，也要创造机遇

笔者问曰：没有机遇怎么办？

胡雪岩答曰：机遇是用双手捧，脑子想出来的。

鲁迅先生有句名言：“世上本没有路，走的人多了，也便成了路。”这句话如果用在机遇身上，就可以改成：“世上本没有机遇，创造的人多了，也便有了机遇。”古今中外，总会有很多人抱怨自己没有机遇，怀才不遇。事实上，机遇并非什么可望而不可即的东西，如果下定决心去创造的话，其实也并不困难。

只不过，在创造机遇的过程中，你需要一些专门的能力和素养，比如观六路的眼睛，听八方的耳朵，以及能够清醒、客观分析形式的大脑等等。在这个前提下，你就会发现人生处处是机遇，创造机遇其实很容易。

胡雪岩的一生之所以能取得常人难以企及的成就，除了善于发现机遇，把握机遇，也在于他能够不断地为自己的人生创造机遇。话说经过数年苦心经营，胡雪岩的阜康钱庄终于在本行业中名列前茅，势头盖过了其他同行。某年冬天，杭州城天寒地冻，北风呼啸，阜康钱庄像往常一样准时开业。东家胡雪岩闲来无事，坐在太师椅上监督店面的营业情况。就在这时，一位顾客走进来递给伙计一张银票，要求支取现银。伙计接过银票一看，愣了一下，随即满脸堆笑，不但将顾客请进店堂就座，还献上一杯上等毛峰。善于察言观色的胡雪岩立刻意识到这个顾客肯定非同一般，便把伙计叫来询问。原来这位顾客一次就要支取 5 万两现银。

这时的胡雪岩经过多年历练也称得上是“老江湖”了，多少懂得些江湖中的黑话、暗号。他看来人面容不善、穿着一般，绝非普通的生意人、土财主，就打算摸摸他的底细。想到这里，胡雪岩用右手端茶碗，做出三指并拢、大拇指翘起的姿势，这是漕帮的接头暗号。来客恰好就是漕帮兄弟，见状知道是自己人，也赶快回了暗号。双方的距离就此拉近了很多。胡雪岩随后了解到这个人名叫高老三，是苏南漕帮“同福会”的管家，平时专门负责帮会的银钱往来。这次之所以要到杭州取这么多银子，是为了给弟兄们充当“安家费”。

所谓“安家费”，说白了就是买命钱。漕帮每次打算跟别人火并或者干什么特别危险的事情之前，就要给手下的弟兄发“安家费”，目的就是让他们没有后顾之忧地替自己卖命。胡雪岩倚仗漕帮朋友的身份打探内情。原来，“安福会”暗中跟太平军有联系，这次就是要派人替太平军把一批军火从上海运到南京，也就是太平天国的首都天京。太平军是清廷的心腹大患，为了防止后者获得西洋军火，官军在上海和南京之间层层设防。要想把军火运过去，危险系数相当高。正是由于这个原因，漕帮才要提前给兄弟们发“安家费”，让他们踏踏实实地前去卖命。

说者无意，听者有心。高老三走后，胡雪岩的心里就算“开了锅”。作为和气生财的生意人，哪怕利润再大，他也不打算像漕帮那样刀头上舔血，和太平军做生意。不过话说回来，当时太平军和清军已经交战多年，太平军既然军火匮乏，官军的情况应该也好不到哪儿去。如果自己能找到门路，替官军经办军火，那肯定能获得可观的利润。要知道，无论哪朝哪代，军火买卖的利润其实都远远超过贩毒。问题在于，胡雪岩此前从没做过这行，根本就没有入行的门道，特别是洋人军火商的门道。现在，既然已经知道漕帮暗地里帮太平军从洋人那里贩运军火，他为什么不能凭借漕帮的关系，替自己创造和洋商接触的机会呢？盘算来，盘算去，胡雪岩觉得自己有很大的把握。作为纯粹的门外汉，胡雪岩自然不可能指望那些军火的买家和卖家直接找上门来。既然机遇不会主动出现在自己面前，胡雪岩就决定为自己创造机遇。

拿定主意的他立刻前去拜见老朋友王有龄。双方寒暄过后，逐渐谈到了军火买卖。王有龄当时主管海运局，手里有的是军火买卖。只不过因为胡雪岩此前从没涉足过这个领域，按现在的话来说就是既没经验，也没资质，王有龄也就从没想过在这方面照顾老朋友的生意。现在，既然胡雪岩主动提了出来，王有龄也就乐得送个顺水人情，随手把一项为浙江绿营购置500条毛瑟枪的生意交给了他。这个生意不大不小，即便办砸了，也赔不到哪儿去，把它交给胡雪岩，也算是王有龄给了老朋友个历练机会。

胡雪岩心里盘算了一下，当时一支毛瑟枪的售价是50两银子，500支总计25 000两银子，回扣（军火买卖的惯例要由军火商支付给中间人回扣）差不多有3000两银子的收入。以胡雪岩当时的财力来说，3000两银子其实不算什么。不过，通过这桩买卖，他可以初步摸清军火行业的路数，还能跟洋商建立关系，为以后的大买卖打下基础。胡雪岩觉得为此辛苦一遭是值得的。

拿定主意的他从王有龄那里支取了3万两银子的公款，然后立刻收拾行装，连夜奔赴上海，以防夜长梦多。到了上海以后，胡雪岩马不停蹄地拜见了上海漕帮首领廖化生，软硬兼施地说明了来意，还许诺分给他部分利润。廖化生觉得军火无论卖给太平军，还是清军，跟自己都没关系，只要能挣钱就行，很痛快地就答应了胡雪岩的要求。

就这样，胡雪岩依靠漕帮的指引，辗转见到了经营军火的洋商麦得利。事情到了这步，胡雪岩觉得自己就要大功告成了。没想到天不遂人愿，麦得利遗憾地告诉他，这批军火已经同别人签了约，不可失信。眼看煮熟的鸭子要飞，胡雪岩决定再努力一下，从不可能当中创造出机会来。

经过反复游说，洋商麦得利终于活动了心眼儿，口气缓和了不少，但仍然强调说，如果把这批军火给了胡雪岩，自己就要遭受很大损失。洋商背后的潜台词说得很清楚，这次的交易能否成功，关键就在一个“钱”字。本身并不单纯为了赚那3000两银子的胡雪岩立刻表示可以提高价格，每支枪加价一两。麦得利这个人向来见利忘义，顿时双眼一亮，连连点头，口头儿上却说还要考虑考虑。精明的胡雪岩自然不会留下这样的隐患，又是一通威逼利诱，最终让卖得利说了准话，双方成交。

对于那些渴望成功的人而言，每次机遇都是弥足珍贵的。然而机遇的主动现身毕竟属于低概率事件，经常是可望而不可即的。在这种情况下，我们除了耐心等待机遇以外，还应该有足够的勇气、决心和能力，像胡雪岩那样去为自己创造机遇。人生苦短，一个人要是在机遇方面完全守株待兔似地依靠运气，那是非常不可靠、不理智的做法，也会让宝贵的人生在无法预测结果的等待中白白流逝。与其如此，还不如主动出击，“一万年太久，只争朝夕”，抓紧有限的时间，为自己的人生创造更多成功的机会。

机遇面前要“精益求精”

笔者问曰：投机取巧，少费力气多办事，不也是一种智慧吗？

胡雪岩答曰：人要学会难为自己。

人都是有惰性的，就像买东西必须物美价廉一样，在结果相同的情况下，少费力气多办事，是多数人的普遍心理。面对难得的机遇，很多人本着这样的心态，不愿意竭尽全力，认为事情做得差不多就可以了。更有甚者，躺在已有的成绩上面，心满意足，再不愿意继续前进，对送上门的机遇视而不见。较之那些终生一事无成的人，这样的人可能是成功的，但同时也是“失败”的，因为他们错过了让自己更加成功的机会。

胡雪岩曾经反复告诫亲友、下属：“人要学会难为自己。”这句话当中隐含的，其实就是一种“精益求精”的精神。精益求精的作用，首先是会让你在做事的时候设立更高的立足点，这样一来，你就不会“差不多就行”地敷衍了事，而是竭尽全力地去发现机遇，创造机遇，把握机遇，充分利用机遇，将事情做到极致，追求利益最大化。其次，精益求精能够让你面对已经获得的成功，保持永不满足的心态，不断追求更高的目标。这样一来，你就有可能取得让自己都感觉吃惊的成就。胡雪岩就是这样一个始终保持精益求精心态、不断难为自己的人。

家道衰落和父亲的去世，让胡雪岩过早体会到了生活的艰辛，年纪很小就替别人放牛赚钱补贴家用。12岁的时候，胡雪岩因为偶然的机会进入钱庄当学徒。所谓学徒，其实就是店铺里免费的佣人。每天要承担扫地、做饭、打水、洗衣服之类的杂活，甚至还得给老板和其他资历老的伙计倒马桶，真正学手艺反倒是要“忙里偷闲”。当时的店铺对此也有自己的一套理论，按现在的话来说，就是要“从小事做起，深入基层多锻炼”。实话实说，类似这样的脏活累活，即便花钱雇人来做，当事人也未必心甘情愿，往往都要敷衍了事，可胡雪岩偏偏就是个喜欢难为自己的人。他不但认真把这些“本职工作”做好，一有空闲，还主动给别人帮忙，站在店堂里为顾客提供力所能及的服务，同时也顺便偷学手艺。时间长了，胡雪岩自然而然赢得了掌柜和其他老伙计的注意和好感。

平心而论，其他学徒的表现也都说得过去，起码是按照要求完成了自己的那份工作，但是任何事情都怕比较。举个例子来说，59 分肯定是不及格的分数，但是如果周围其他人都考 58 分，这个 59 分就是名副其实的第一；99 分是个非常优秀的分数，但是如果别人都考 100 分，99 分就是倒数第一。基于同样的道理，老板在自己心目当中虽然给学徒打了满分，却给了精益求精的胡雪岩一个“100+”的分数。当时的店铺有个传统，年终岁末要一起吃顿“分岁酒”，这顿饭对很多人而言其实并不好吃，因为老板要在饭桌上用暗示的方法告知手下是否被“炒了鱿鱼”。这个暗示方法因地而异，北京的习俗是由老板亲手夹给“倒霉蛋儿”一个包子，俗称“滚蛋包子”；港澳地区似乎是真的给当事人上份炒鱿鱼；胡雪岩的家乡则是要在饭桌上把红烧鱼的鱼头指向被解雇的人，得到暗示的人心里明白，嘴上什么也不会说，年关过后就会另找饭碗。胡雪岩不但从没享受过这种待遇，最后反倒炒了老板的鱿鱼，打拼出了自己的一亩三分地。

羽翼丰满之后的胡雪岩并没有满足于已有的成就，而是仍然保持着精益求精、给自己找麻烦的传统。有一次，某位来自湖州的顾客在胡庆余堂买了一盒胡氏辟瘟丹。药拿到手之后，顾客立刻打开检查了一下，马上就露出了不满的神情。细心的胡雪岩发现异常，凑过去一看，原来这盒辟瘟丹由于储存时间太长，虽然并不影响药效，但卖相已经不好看了。弄清情况的胡雪岩随即命令伙计赶紧调换一下，可是当时柜台里总共就剩下这两盒辟瘟丹，另一盒的品相也不是特别理想。中国有句俗话：店大欺客。此时的胡雪岩财大气粗，不再是当年低声下气的小伙计，似乎也没必要在乎这个只买一盒药的普通顾客高兴与否。最不济，把钱退给顾客，让他再去别家药店买，也就足够仁至义尽了。然而，讲究精益求精的胡雪岩偏偏要把事情做到极致，他首先向顾客诚恳道歉。在得知对方远道而来，专程为了买药以后，胡雪岩又主动提出为顾客提供免费住宿，保证三天之内让他拿到新生产出来的药品。时间还没到三天，胡雪岩就履行了自己的诺言，把新配制的辟瘟丹交到顾客手上。顾客自然心存感激，四处替胡雪岩和他的胡庆余堂宣扬，成了名副其实的“活广告”。

在这个竞争日益激烈的世界中，无论商业人士，还是普通人，“及格”恐怕都不再是个令人满意的分数，唯有精益求精，不断给自己出难题，做得比别人更好，才能始终立足不败之地。

借势发力不犯难

笔者问曰：打拼商场应该全靠自己，还是指望别人？

胡雪岩答曰：做生意就如行船，有了东风就能更好地行船。

中国人做事，特别是成就大事业，向来讲究天时、地利、人和。胡雪岩时常挂在嘴边儿的一句话就是："与其待时，不如乘势。"众所周知，孙刘两家之所以能在赤壁之战当中打败占尽优势的曹操，关键就在于诸葛亮借来的那阵东风。要是没有这阵东风，历史可能就会改写，因此唐代的杜牧才会为后人留下"东风不与周郎便，铜雀春深锁二乔"的千古绝句。诸葛亮打仗需要东风，我们现实生活中做很多事情同样也须借"东风"。商场如战场，独木难成林，一个经营者要想使自己的事业发展得更快，取得更大的成功，也要善于借东风。就像胡雪岩所说的那样："做生意就如行船，有了东风就能更好地行船。"

在"借东风"方面，胡雪岩无疑是把好手，后人总结他的成功经验，其中最重要原因就在于他善于"借势、用势"。在胡雪岩看来，可以借助的"势"主要有四种类型，即官场势力、商场势力、江湖势力和洋场势力。按照他自己的话来说就是："官场的势力、商场的势力、江湖的势力，我都要。这三样做到了，还不够，还要有洋场的势力。"围绕着一个"势"字，胡雪岩建立了一套独特的商业理念，那就是商业活动中自我奋斗当然是不可少的，但同时也必须善于借助各种各样的"势"。在胡雪岩看来，所谓"势利"，势和利是密不可分的，有势也就等于有了利。因此，做生意宁可不先求利，甚至损利赔本，也要将取势摆在前面。有鉴于此，胡雪岩在"取势"的过程中从来都不过分计较"利"，而是要让被争取的对方首先满意。表面上看，胡雪岩暂时赔了本儿，不过，一旦这些"势"被争取成功，损失的利益就可以加倍地捞回来。

中国人有句俗话：同行是冤家。话虽如此，中国人却同时秉持着阴阳五行互相转化的哲学世界观。在中国传统文化的视野当中，所谓“正负、敌我、高下”这些关系都不是绝对的，而是可以相互转化的。到了西方近代哲学家那里，同样的道理被以“辩证法”的名义表述出来。胡雪岩当然不懂辩证法，却深谙中国传统文化。在他的眼中，同在商场中得其他人不仅仅是冤家，同时也是可以提供帮助的盟友，是可以被借助的“势”。胡雪岩认为，任何单个商人的知识和能力总是有限的，依靠自己的努力没有错，但如果仅仅靠自己独闯天下，却往往很难取得成功。因此，他总是注意跟同行建立互助互惠的关系，有财大家发。为了维持这种关系，有时甚至不惜牺牲自己的利益。这在为他带来好名声的同时，也换取到了更多的长远利益。

至于江湖势力，在过去的中国更是一股不可忽视，而且可以加以利用的强大力量。事实上，在古代中国，类似商人这种不安心种田读书，而是出来闯世界的“不安定分子”本身就被视为江湖人的一个范畴。用现在的话来说，生意人都是“出来混的”，如果忽视江湖势力，稍不注意，就可能带来无法挽回的损失。江湖虽然险恶，但江湖人向来就有自己的一套游戏规则，如果和这股势力友好相处，也可以得到数不清的好处。胡雪岩一生结交的江湖朋友数不胜数，他在军火、漕运方面的买卖也大多需要江湖朋友扶持。要是没有他们的默契配合，胡雪岩再有本事，也不可能在那个兵荒马乱的年代贩运军火，更不可能帮助王有龄顺利完成漕运的任务。

胡雪岩看重的第四种“势”，属于那个年代的特有现象，也就是“洋场势力”。近代中国积贫积弱的现实，让洋人在中国拥有了数不清的特权。胡雪岩创业的晚清时代，抱着“淘金梦”的洋人纷至沓来，渗透进中国的各个领域。洋人资金雄厚，货物充足，甚至还凌驾于中国官员之上，号称“洋大人”。胡雪岩出于维护民族利益的角度，虽然经常和洋人作对，却也不得不利用这个当时的特权阶层，达到自己的目的。这种合作关系发展到后来，甚至牢固到了这样的程度：在整个中国东南沿海地区，但凡没有胡雪岩参与的生意，都得不到洋人的认可，根本做不成。据说，当时南方省份的某个官员曾经和洋人洽谈一笔军火生意，没想到洋人却主动提出说他们只认胡雪岩，想买枪，就找胡雪岩去买。就这样，胡雪岩有意无意地成了那个年代洋商在中国的“独家总代理”，这无疑为他带来了众多利益和方便。

做生意就怕一根筋

笔者问曰：“坚持”难道不是一种优良品质吗？

胡雪岩答曰：做生意就怕一根筋，切不可吊死在一棵树上面。

“坚持”无疑是一种优良的品质，然而任何事情都怕走极端，“坚持”一旦极端化成了一根筋，钻牛角尖儿，也就彻底变了，由此而来的恶果也就只有任当事人去品尝了。对那些打拼商场的人而言，懂得变通是必需的素质。如果硬要一条道走到黑，就只能碰一鼻子灰。

胡雪岩之所以能够取得常人无法企及的成功，就在于他懂得变通，知道随机应变。太平天国运动失败以后，为了防止其死灰复燃，清廷针对那些侥幸逃生者采取了赶尽杀绝的策略。为了方便逃命，许多劫后余生的太平军将士都会选择偷偷把自己的积蓄存在钱庄里，等到风平浪静以后再把钱取出来安身立命。

商人唯利是图是理所当然的事情，问题在于，太平军的钱在当时属于“高压线”，众多钱庄只能看着白花花的银子眼馋，却不敢贸然接下这个烫手的山芋。胡雪岩觉得这是个难得的机会，虽然风险很大，但回报也很大，值得出手。当然，讲究变通的胡雪岩并没有直接把自己的脑袋往清廷的刀口上去撞，而是采取了灵活变通的方法。

拿定主意的胡雪岩找到朋友张胖子商议，打算合伙做这个生意。张胖子听了胡雪岩的主意大吃一惊，他认为这个生意是万万做不得的。首先，朝廷对待太平军毫不手软，但凡沾了太平军的边儿，都有可能被杀头。退一步说，即便朝廷不杀钱庄老板的头，最起码也要把所谓的“逆产”没收充公。如果仅仅就是没收了，那倒没关系，怕就怕存钱的人将来拿着存款凭据来取钱。这样一来，钱庄就只能打落牙齿往肚子里咽了，实在有点儿划不来。

胡雪岩却不这么认为。他通过观察发现，打了这么多年仗，被活捉的太平军数量也不少，但朝廷却很少以此为线索，追查他们的“逆产”。这首先是因为被捕者心怀侥幸，打算咬紧牙关，熬过眼前，然后再去过好日子。其次，清军抓住俘虏以后，每每要将他们身上的财物洗劫一空。为了掩盖自己的所作所为，他们会向上司报告说俘虏本身一无所有，朝廷也就失去了追查的线索。如此一来，钱庄替太平军存钱风险其实并不高。更何况，钱庄还可以打个“擦边球”。既然太平军脑门儿上也没写着“太平军”三个字，万一事发被朝廷追查，钱庄就可以凭借“自己无法核实存款人身份”的理由推脱。这看似强词夺理的意思，但只要咬定牙关不松口，朝廷也就无可奈何。

张胖子听了胡雪岩的一席话，顿时感觉开了窍，接受了他的合作邀请，阜康钱庄自此开始大量吸收太平军逃亡将士的存款。为了保险起见，胡雪岩又用这笔钱为各地官员、士绅提供贷款。这种做法可谓一石二鸟。首先，贷款是要收利息的，而且利率还不低，胡雪岩等于是用太平军的银子替自己赚了钱；其次，中国有句老话叫“法不责众”，万一真出了事情，这么多有头有脸的人都牵扯在内，朝廷自然会投鼠忌器。

以上只是胡雪岩做生意讲变通的普通案例。所谓“变通”，说白了其实并不是什么复杂的事情，它只是要求人们在看问题的时候能够多角度、多方位，不要被某一种固定的思路套住而已。有鉴于此，胡雪岩自己也曾经说过：“变通之法运用之妙，存乎一心。生意人不懂变通，将难有大作为。”从不一根筋的胡雪岩一辈子讲究变通，懂得另辟蹊径，换个角度考虑问题，因此还化解了一场家破人亡的严重危机。太平军占领杭州的时侯，胡雪岩因为生意原因人不在家，可他的家人和买卖却都在杭州，被太平军控制了起来。所谓“人怕出名猪怕壮”，胡雪岩富甲一方，平时再怎么小心，也难免有几个冤家对头。太平军占领杭州后没多久，市面上就有谣言说胡雪岩拐带、贪污了浙江用来购买军粮的公款，滞留在上海，误军误国。

事实上，这些谣言都是在太平军的授意下散布出来的，他们的目的就是要让胡雪岩这个“财神爷”无法在清廷那边立足，最后为自己所用；控制他的买卖和家人，其实也是基于同样的初衷。精明的胡雪岩没用多长时间就从最初的震惊和愤怒中清醒了过来，想明白了其中的玄机。按照通常的逻辑，此时的他应该竭尽全力为自己辩白，从而取得朝廷的信任。问题在于，这方面的凭证保存在杭州的家里，杭州又在太平军手里，很多凭证即便没有毁于战火，眼下也拿不出来。况且，对方既然是在处心积虑地造谣，也就不会那么容易地让他胡雪岩辟谣，盲目辩解反倒可能越描越黑。

想清楚前因后果的胡雪岩并没有按常理出牌，反而亲自给闽浙总督衙门上了份公文。他在这份公文里声称，那些参与造谣的人都是自己有意在杭州城留下的朝廷内应。这些人之所以给太平军帮忙，就是为了取得对方的绝对信任，以便将来帮助朝廷收复疆土云云。表面上看起来，胡雪岩这是让人卖了还帮人数钱。实际上，他这么做同时达到了两个目的。首先，既然这些人都是胡雪岩为朝廷留下的内应，那么他们散布的谣言自然而然也就是假的。其次，胡雪岩未经同意就把这些人发展成了自己的下线，还有意把公文内容透露了出去，其实是一出反间计。得到消息的太平军很快就处理了其中那些疑点最大的“内应”，其余侥幸过关的人也因此投鼠忌器，反而真的成了胡雪岩的内应。为了防止胡雪岩继续“黑”自己，这些人开始主动帮胡雪岩保全他的买卖和家人。如果当初的胡雪岩不懂得变通，不懂得逆向思维，整个事情可能就不会出现这么一个戏剧化的结局了。

别忘了给自己留后路

笔者问曰：破釜沉舟是否明智？

胡雪岩答曰：无论做事，还是经商，都应学会掌握与运用机变与权变之理，在任何时候、任何情况下都应该时时注意给自己留退路。

中国人向来就有这么一句俗语：留得青山在，不怕没柴烧。这句话的意思就是说，无论做什么事，都一定要给自己留后路。与此同时，中国人还有个成语叫作“破釜沉舟”。想当年，楚霸王项羽巨鹿之战，破釜沉舟，置之死地而后生，最终打败了在人数上占据绝对优势的秦军。

话说到这里，究竟是破釜沉舟明智呢，还是多留后路更有道理呢？事实上，这两者并不矛盾。所谓的“留后路”，并非胆小怕事，瞻前顾后，而是建立在果决基础之上的理智和谨慎；所谓“破釜沉舟”，也并非盲目地硬冲硬闯，而是清醒判断形势之后的一往无前。项羽当年之所以敢破釜沉舟，原因就在于他经过客观分析，认定自己拥有很大胜算。那种真正敢于盲目孤注一掷的人，要么是输急眼的赌徒，要么就是做事欠考虑的“愣头青”。对多数人而言，做事情如果太讲究“留后路”就很容易缺乏前进的勇气。同样，如果盲目地破釜沉舟，不善于时刻给自己留后路，有一天就可能真的走到绝路上。为了避免出现这样两种极端情况，我们就须在这两个极端的中间讲中庸，追求人生的和谐发展。胡雪岩就是这么一个善于在“破釜沉舟”和“留后路”之间寻求平衡的人。

胡雪岩有句名言：“无论做事，还是经商，都应学会掌握与运用机变与权变之理，在任何时候、任何情况下都应该时时注意给自己留下退路。”胡雪岩是这么说的，也是这么做的。

正如读者们已经看到的那样，胡雪岩从创业开始所走出的每一步都是机遇与风险并存的，他之所以能够屡屡化险为夷、绝境逢生，原因恰恰就在于时刻给自己留下退路。就像现在的银行一样，中国古代的钱庄主要也是靠资金的兑进兑出盈利的。具体地说，就是吸收储户的存款作为资本，同时再将这些存款以“贷款”的名义放贷给别人。钱庄吸收存款要付给储户利息。同样，放出贷款则要由钱庄收取借贷人的利息，这两种利息之间存在的差额就是钱庄的利润。

表面上看，这种赚钱的办法真的很容易，只要掌握好存款和贷款的利率，就可以稳稳当当地坐在家里数钱了。问题在于，钱庄的贷款行为不是普通老百姓互相借个块儿八毛的小打小闹，动辄就上百万、上千万。通常来说，越是大主顾，贷款的额度就越大，但是这种大主顾通常做的都是大生意，利润高，风险也高。万一贷款人赔了，钱庄也就跟着赔了。更糟糕的是，储户不管钱庄赔不赔钱，自己的存款，应得的利息，一分也不能少。这样一来，钱庄里外里等于吃了两次亏。

如此看来，银行的资金在一进一出之间，其实是存在很多变数，很多风险的。问题在于，无论过去的钱庄，还是现在的银行，都不是纯粹的公益机构，它的目的就是为了盈利。风险与机遇并存，甚至风险越大，机遇也就越大，这就需要经营者事先进行深入的风险评估，准确把握局势。尽管如此，我们仍然不可能做到真正的“零风险”，这就须提前准备好相应的退路，让自己始终能够得到周旋的余地。

例如，上节提到的太平天国失败后，阜康钱庄接受逃亡太平军将士存款的案例。这桩买卖的利润非常高，但风险也很大。一旦被朝廷发觉，轻则破财，重则丧命。众多钱庄因此不敢接这个“烫手的山芋”，胡雪岩敢于出手，是因为他事先进行了有效的风险评估，做到了心中有数。在他看来，这件事情表面上看异常凶险，实际的危险程度却可能没那么严重。尽管如此，胡雪岩也不敢保证百分之百不出问题。因此，他在行动之前就已经想好了退路。首先来说，胡雪岩判断这件事情即便被朝廷察觉，靠着他的伶牙俐齿和社会关系，也不至于杀头坐牢，最坏的结果无非是存款被没收，包赔储户的损失，另外可能还要花些银子四处打点，此时的他财大气粗，由此而来的损失虽然很可观，但仍旧在可以承受的范围以内。其次，为了把水搅浑，然后浑水摸鱼，胡雪岩用这笔钱向很多官员士绅放了贷款。一旦东窗事发，这些人自然难逃干系，为了维护自己的利益，他们不可能不出手相助，整个危机因此也就可能大事化小，小事化了。由此可见，胡雪岩之所以敢摸太平军这根“高压线”，是因为他早就盘算好了退路。

人世险恶，商场更加险恶，胡雪岩一生做事从来都谨慎小心，深谋远虑，考虑好方方面面的情况。在比较有把握的情况下，这位谨小慎微的生意人也乐意做些“贼大胆儿”的事情。问题在于，胡雪岩虽然号称“商圣”，但圣人终究也还是人，是人就难免有犯错误的时候。为了避免自己的错误造成无法挽回的后果，胡雪岩任何时候，做任何事情都会注意给自己“留后路”，宁可不用，但不能不备。正如前面所说，这其实并非胆怯。《孙子兵法》有云：“兵无常势，水无常形。”商场和战场其实差不多，情况总是瞬息万变的，时而天高云淡，风和日丽，一切尽在掌握；时而山雨欲来风满楼，黑云压城城欲摧，似乎末日即将来临。作为商人，面对如此复杂的情况，如果畏惧风险，该出手时不出手，那还不如转行去从事其他比较稳妥的职业。相反，如果一味猛冲猛打，做事不计后果，动不动就孤注一掷，那也可能身败名裂，甚至殃及家人。真正成功的商人，是像胡雪岩那样，善于在谨慎和勇猛之间寻求平衡，懂得中庸的人。

学会“锅盖效应”

笔者问曰：本钱不够怎么办？

胡雪岩答曰：八个坛子七个盖，盖来盖去不穿帮，就是会做生意。

做生意，无论是在马路边摆个地摊儿卖菜，还是开大公司搞房地产，首先都得有本钱。中国有句老话：巧妇难为无米之炊。作为生意人，不管你的经营能力有多强，商业创意有多高明，才华学历有多出众，只要没有本钱，所有这一切就都是镜花水月、空中楼阁。问题在于，钱这个东西人人需要，但数量终究是有限的。现代的经济形势发展迅速，资金周转对很多公司而言都是司空见惯的事情。即便比尔·盖茨、李嘉诚这样的巨富，也难免遇到资金暂时周转不开的情况。对企业而言，资金周转不灵就好像人体血液循环遇到了障碍，轻则生病，重则要命。在这种情况下，学会“拆东墙，补西墙”就是生意人的必备技能了。

通常来说，“拆东墙，补西墙”是个带有贬义的说法，问题在于，有些情况下，“拆东墙，补西墙”又是必需的。生意场中，为了维持正常营业，在不违反道德底线的情况下，适当地“拆东墙，补西墙”也是可以被接受的。后世研究胡雪岩的专家从胡雪岩本人的经历出发，将这种“拆东墙补西墙”的做法命名为“锅盖效应”。用胡雪岩自己的话来说就是：“八个坛子七个盖，盖来盖去不穿帮，就是会做生意。”

胡雪岩刚开始做洋庄，和洋人打交道的时候，为了求得帮助，曾经前往苏州拜见新任学台何桂清。胡雪岩这次远门儿出得可谓收获颇丰，善于交际他顺便结识了苏州当地的富家公子潘叔雅、吴季重和陆芝香等人。当时，太平军正在大举进攻江浙一带，苏州地面人心惶惶，非常不太平。另外，此时的清军战斗力低下、军纪松弛，打太平军虽然屡战屡败，但在老百姓面前却威风得很，连土匪都不如。苏杭地区自古富庶，苏州又是富人扎堆儿的地方。对太平军而言，这些富人是“被革命”的对象；对清军而言，这些富人又是可以随便敲竹杠的“肥猪”。一时之间，苏州的富人居然比穷人还要水深火热。

受到前后夹击的苏州富人打算去上海避难。难办的是，穷人逃难收拾个包袱就可以上路，这帮富家公子哥儿却在当地拥有大批房屋、园林和田产。这些不动产不可能安上轮子推到上海去，把它们撇在苏州又担心发生意外，富家公子们又没有胆量留下来亲自看守。除此之外，这些富人手里还握有大量的现银。人去上海逃难的话，这些银子当然不可能留在苏州。问题在于，兵荒马乱的年代，携带这么多银子上路，不方便尚在其次，还很有可能招来杀身之祸。

胡雪岩的出现对这些富人而言可谓“及时雨”。他们打算把自己的银子存到胡雪岩设在苏州的钱庄分号里，换成方便随身携带的银票，到了上海以后，再根据需要支取。这样一来，富人们免除了后顾之忧，胡雪岩也吸收到了存款，算是件两全其美的事情。

潘叔雅、吴季重和陆芝香这几个人真的很有钱，随随便便就凑了 20 多万两现银。胡雪岩这个人向来豪爽仗义，他收下了银子，还非常贴心地为这些没什么社会阅历的富家公子谋划起了这些钱具体的投资渠道，保证他们能赚到更多得利息。按照胡雪岩的设想，这笔银子将分为两部分放在自己的钱庄里。一部分是长期存款，由钱庄拿来做投资贷款，储户可以得到定期分红；另一小部分银两作为活期存款，方便潘叔雅、吴季重和陆芝香他们随时支取。胡雪岩的计划合情合理，又处处替对方着想，潘叔雅、吴季重和陆芝香等人感觉这位朋友非常够意思。

这些富家公子们做梦也没想到，从某种意义上来说，胡雪岩其实“骗”了他们。他之所以愿意为这些公子哥儿设身处地地着想，其实是想用他们的二十多万两银子完成自己的一件大事。正如本节开篇所说，当时的中国社会兵荒马乱，很多人因为各种原因着急用钱，又偏偏囊中羞涩，就只好求助于当铺。乘人之危是当铺一贯的做法，社会越是动荡，当铺就越容易赚钱。正是由于看到了其中蕴含的商机，胡雪岩才打算开办一家当铺。问题在于，当铺需要的本钱很大，因为很多收进来的东西可能就会长年累月地放在那里，无法回笼现金。因此，跟其他许多靠“滚雪球”由小而大的小买卖不同，当铺成立伊始，就必须准备足够的流动资金，而且数目是越多越好。胡雪岩虽然富甲一方，一下子投入这么多启动资金也难免踌躇。恰好是在这时，潘叔雅、吴季重和陆芝香这些人贡献出了20万两银子。

接受这笔存款的时候，胡雪岩就已经打定了要拿它当本钱开当铺的念头。他之所以建议几位公子哥儿把大部分银子存成定期，就是为了预防他们突然撤资，导致当铺运转失灵。至于按时支付给他们的利息，以及临时支取的活期存款，由于数量不大，胡雪岩完全可以从别的地方拆兑出来，更何况当铺一旦运转起来，本身也是要盈利的。话说回来，20万两银子对任何人而言都不是个小数目。胡雪岩当初如果直接以投资的名义向他们募资，对方答应得可能也不会特别痛快。偏偏天假其便，20

万两银子自己送上了门来。胡雪岩在这件事情当中不仅是“拆东墙，补西墙”，而是拆了别人的院墙，盖了自己家的院子。更为难能可贵的是，胡雪岩这么做并没有损害对方的利益，反而让他们感激涕零，认定自己是个值得信赖的好朋友。整个事情最终得到了一个双赢的结局。

须说明的是，胡雪岩之所以敢在这件事情当中“拆东墙，补西墙”，是因为他给自己留下了可靠的后路。最重要的是，他有足够的资金基础，可以做到“八个坛子七个盖，盖来盖去不穿帮”。一方面，雄厚的资本能够让他及时支付储户应得的利息，满足他们的提款要求。这样一来，胡雪岩玩的“西洋镜”就不会有穿帮的危险，尝到甜头儿的储户内心也会安定下来，不会急于撤资。另一方面，从最坏的角度来说，即便当铺配了本儿，胡雪岩自己也赔得起这 20 万两银子，不至于闹到身败名裂的地步。他之所以要去“拆东墙，补西墙”，最根本的目的，其实是为了保证自己手里的流动资金不至于全被当铺拖住。基于以上两个前提，胡雪岩就把可能由此引发的危机降到了最小。类似某些赌徒那样借了甲的钱去还乙的债，没有任何保证的“拆东墙，补西墙”是绝对不可取的。

福祸相依　大舍大得

今日之因，昨日之果；莫想过去，只看将来。

——胡雪岩

人生有高潮，有低谷，做生意自然也有赔有赚，这是起码的常识。面对生意场上的福祸相依，唯有心态平和，宠辱不惊，才能在任何情况下保持 闲庭信步 的心态，实现事业和人生的大舍大得。

舍小利而趋大利

笔者问曰：“舍”的目的是为了什么？

胡雪岩答曰：舍小利趋大利，放长线钓大鱼。

胡雪岩做生意有个特点，就是突出一个“舍”字。胡雪岩的“舍”，并非没有目的、没有原则的“胡造”，而是为舍小利趋大利，放长线钓大鱼。所谓“舍得、舍得，有舍才有得”，通过有目的的“舍”，自己也得到了难以估量的回报。

前面已经提到，胡雪岩的创业是从建立阜康钱庄起步的。钱生钱不犯难，对于新成立的钱庄来说，当务之急就是尽快吸收存款，积累资本。有了雄厚的资本作为基础，其他业务也就水到渠成了。为了帮助白手起家的胡雪岩，他的挚友王有龄将一大批资金存进了阜康钱庄，让胡雪岩有了最初的启动资金。这些钱对普通老百姓而言是个天文数字，一辈子也花不完，但是对于维持钱庄的正常运转，却仍旧是杯水车薪。为了解决这个制约自己发展的“瓶颈”，在广大储户中打开局面，胡雪岩想出了个“放长线钓大鱼”的妙计。

话说钱庄开张那天，前来道贺的客人酒足饭饱，纷纷告辞离去。对着桌上狼藉的杯盘，胡雪岩开始静下心来，考虑自己的开门“第一炮”。万事开头难，做生意第一步是最重要的，是有走准了第一步，以后的生意才可能水到渠成，越做越大。经过仔细考虑，胡雪岩决定这“第一炮”采取以退为进的策略，适当舍弃一些利益，换取名头，让人对阜康钱庄产生信任感，认定在这里存钱是安全的，是有利可图的。如此一来，虽然暂时吃了亏，但以后肯定就能生意不断，财源滚滚。“将要取之，必先予之”，说的其实就是这个道理。

主意已经拿定，问题在于，究竟怎样才能赚到名头呢？胡雪岩冥思苦想了半天，忽然灵光一现，计上心来。他立刻把钱庄总管刘庆生找了过来，命令他马上开 16 个存折，每个折子预先存银 20 两，总计 320 两。这笔钱全算在胡雪岩自己的账上。

刘庆生见胡雪岩迫不及待地开办这么多存折，如坠云里雾里，但是既然老板吩咐，也就只好照办。等刘庆生把16个存折的手续办好，送过来的时候，胡雪岩才向他道出其中的玄机。原来这些垫付了底金的存折，都是打算白送给抚台、藩司、臬司这些官员的女眷们的，专供她们存自己的私房钱。

在中国古代，受限于"男主外，女主内"的传统礼教，女眷们手里能够掌握的现钱其实并不太多，即使高官显贵们的太太、小姐也是如此。胡雪岩之所以给这些女眷免费开户送存折，并非是盯上了她们手里那几个脂粉钱，而是打算让这些太太、小姐替自己扬名造势。要知道，当时的女性，特别是大户人家的女性，想要出门办点事情其实并不容易，多数时间都要"大门不出、二门不迈"地"宅"在家里。胡雪岩直接把存折送到她们手上，等于是方便了这些人的生活。更何况，每个折子还事先存了20两银子的甜头。占了便宜的女人们自然要到处说胡雪岩的好话，这些人平时的交际范围非富即贵，如此一来，阜康钱庄也就在上层社会打开了局面。用胡雪岩自己的话来说，就是："太太、小姐们的私房钱，当然不太多，算不上什么生意，但是我们给她们免费开了户头，垫付了底金，再把折子送过去，她们肯定很高兴。她们的碎嘴就会四处相传，这样，和她们往来的达官贵人岂不知晓？别人对阜康，就另眼相看了。咱们阜康钱庄的名声岂不就打出去了？到头来还想没生意做吗？"

刘庆生心领神会地点了点头，心中暗自佩服胡雪岩做生意的手腕。

果不其然，折子送出去没几天，就有几个大户慕名前来开户。对于新开业的钱庄而言，这样的情况是非常少见的。同行们对阜康钱庄的好运气艳羡不已，却猜不透其中的玄机。

本着积少成多的原则，胡雪岩在走太太、小姐们的“上层路线”的同时，也没有忽略社会中下层的小人物。这个群体虽然谈不上特别富裕，但是人数众多，如果大家全来阜康钱庄存款，数目就非常可观了。更重要的是，这个群体当中的有些人虽然社会地位不高，却经常在某些要害部门当差、任职。平时维护好这些人，一旦有事，经常可以发挥事半功倍的效果。例如，巡抚衙门的门房刘二爷。俗话说得好，阎王好见，小鬼难缠。刘二爷这人没什么品级，连衙役都算不上，可是宰相家人七品官，要想拜见巡抚大人，他这关是躲不过去的。更何况，刘二爷这个人每天在巡抚衙门迎来送往，认识的人多，知道的消息多，适当给他点儿甜头吃，肯定是有好处的。为此，胡雪岩也特意给刘二爷送了个预存 20 两银子的存折。事实证明，胡雪岩的功夫没白费，前面提到的朝廷要发行官票的消息，就是刘二爷提前透露给他的，这让胡雪岩在商场当中抢占了先机。

要有天下意识

笔者问曰：做买卖就是为了挣钱。天下大事跟我有什么关系？

胡雪岩答曰：不管为官为商，既要为自己的利益考虑，也要为天下黎民着想，不然，为官便是贪官，为商便是奸商，这两种人，都是没什么好下场的。

“家国天下”是中国人的传统情怀。所谓“天下意识”，用今天的话来说，就是要有社会责任感和担当意识。商人追求私利原本无可厚非，但是在追求私利的过程中，如果忽略了天下意识，忘记了自己的社会责任，一味索取，不讲回报，就不但有损于社会，还可能“自绝于人民”，最终搬起石头砸自己的脚。

创建于清朝康熙年间的北京同仁堂在追求利润的同时，非常注重承担社会责任，义诊舍药甚至成为他们的传统。雍正年间，恰逢科举大比之年。当时的科举考试一般都安排在春天举行。那年北京恰好是个暖冬，一冬天也没下多少雪，开春之后天气又暖和得反常，导致春疫流行。赶考举子全国各地的人都有，本来就水土不服，春疫更是让他们雪上加霜。很多举子病倒了，即便侥幸没得病的，多半也是胃口不开，萎靡不振，能不能把考试坚持下来都很难说。

眼看这年的科举可能砸锅，同仁堂抓紧配制了一种专治春疫的中药，通过内务府的渠道奏报雍正皇帝，表示自己愿意将这些药免费送给每个举子服用，让他们带入考场，以备不时之需。雍正皇帝本来正在闹心，同仁堂雪中送炭，自然龙颜大悦，于是就传旨让同仁堂派专人守在贡院门口，举子进考场的时候，直接就在他们的考篮里放上一包药。同仁堂当然也没放过这个做广告的好机会，他们在包药的纸上印满了自己药店有名的丸散膏丹的名字。同仁堂的药本来就好，再加上举子们的运气好，春疫很快就被控制住了，考试得以顺利举行。考试结束以后，对这家药店心怀好感的举子们纷纷到同仁堂购买药品，顺便也把同仁堂的名号传遍了大江南北。

作为跟同仁堂齐名的胡庆余堂的创始人，胡雪岩非常注意借鉴业内前辈的优良传统，胡庆余堂创办伊始，就热衷参与各种社会公益事业。当时南方举子进京赶考，大多是要走水路的，杭州紧邻京杭大运河，占尽天时地利。仿照同仁堂的做法，胡庆余堂也开始为进京赶考的举子们舍药。南方人去北方赶考，更容易水土不服，拉肚子是常见现象，严重起来，不但影响考试，甚至可能要命。有鉴于此，胡庆余堂专门配制了治疗拉肚子的特效药，每个举子奉送两包。这样一来，胡庆余堂的名号也就随着举子们的脚步传遍了全国各地。

人是社会性的动物，对于社会责任的承担意识其实是人类的普遍共识。33 岁的卡内基曾经在日记里写了这么一段话:“对金钱执迷的人，是品格卑贱的人。如果我一直追求能赚钱的事业，有一天自己也一定会堕落下去。假使将来我能够获得某种程度的财富，就要把它用在社会上面。”

卡内基是这么说的，也是这么做的。1900 年，年逾花甲的卡内基功成名就。已经腰缠万贯的他决定退休，用自己毕生积累的巨额财富去兑现早年的诺言。这一年的他在《财富的福音》一书中这样写道:“我不再努力挣更多的财富。”就这样，处于事业巅峰的卡内基引退，以 5 亿美元的价格将卡内基钢铁公司卖给金融大王摩根，拿到钱的卡内基开始了自己回报社会的伟大计划。

1901年，也就是退休后的第一年，卡内基首先拿出500万美元为炼钢工人设立了救济和养老基金，以此作为对曾经的员工们的感谢。这之后，为了帮助有志上进却家境贫寒的年轻人，卡内基在纽约市首先捐款建立了68座图书馆，又在之后的16年时间里陆续兴办图书馆3500座，总共耗资1200万美元。1902年，卡内基又捐款2500万美元，在华盛顿创立“卡内基协会”，主要用于促进科学、文学和美术事业的发展。这之后，卡内基又累计追加捐款7300万美元。与此同时，卡内基还在他的第二故乡匹兹堡创办了“卡耐基大学”。后来，他又在美英两国各地捐资创办了各种各样的学校和教育机构。这类用于建造教育设施的捐款，总共达到了达9000万美元之巨。随后的几年当中，卡内基还设立了若干项基金。他曾专门拿出500万美元，设立“舍己救人者基金”，对在突发事件中为救助他人而牺牲或负伤的英雄及其家属予以奖励或救济；捐资3900万美元，设立“大学教授退休基金”，用以保障教育家的晚年生活；设立“总统退休基金”和“作家基金”，对退休美国总统以及作家给予资助。历史上，中国的很多科学、教育和文化项目也都曾经受惠于卡内基。

1919年8月11日，84岁的卡内基在美国雷诺克斯市的别墅中因肺炎去世。生于苏格兰的他从不名一文的移民到堪称当时世界首富的“钢铁大王”，功成名就之后，又将几乎全部的财富捐献给社会，捐款总额高达3.3亿元。卡内基去世以后，他的基金会仍在运作，今天的我们仍旧可以享受到由此而来的种种便利。

对多数人而言，要想达到卡内基这样的境界恐怕的确存在困难，但是，借鉴胡雪岩的做法，在保证自身利益的前提之下，适当履行自己应有的社会责任，形成个人与社会的良性互动，恐怕并不是非常困难，而且也是理所应当的事情。在商品经济时代，经商、办企业的确是以追求个人利益为目的的，这一点无可厚非，但是商人、企业不能仅仅局限于个人的私利，忽略了自己的社会责任意识。还是那句话，人是社会性的动物，大家须互相扶持才能生存发展下去。一味地强调个人、追求私利，虽然可能暂时得计，但从长远的角度来说，也是既损人又损己的。在几年前的“三鹿奶粉”事件当中，一个利润丰厚、享誉多年的著名企业顷刻之间居然就可以土崩瓦解，恰恰就在于他们在赚钱的同时，忘记了商人、企业所应具备的最起码的社会责任。这样的教训是值得所有人反思和借鉴的。

好钢要用在刀刃上

笔者问曰：所谓“舍得”，是不是只要不在乎花钱就可以了？

胡雪岩答曰：花一文钱要能收到十文钱的效果，才是花钱能手。

生活中经常可以看到这样的情况，有的人确实慷慨大方，挥金如土，处处抢着花钱，到处吹嘘自己朋友一大帮，可是当他真正需要帮助的时候，这些朋友却要么隔岸观火，要么有心无力。这样的人的确做到了“舍”，却没有“得”。当然，从伦理道德的角度来说，无论交朋友，还是行善举，都不应该指望回报。问题在于，要求所有人都一味地付出，毫不索取，永远处在吃亏的地位，那也是不现实的。对多数人而言，能够做到有舍有得，不损人利己，也不损己利人，就已经很难得了。

商人可以行义举，但商人不是慈善组织，他们的最终目的仍然是要追求利润，说白了就是赚钱。如果能在行义举的同时得到应有的回报，以“舍”求“得”，义利两全，那是最理想的状态。要达到这个效果，就要求商人不但要舍得花钱，而且要花得是时候、是地方，好钢用在刀刃上。用胡雪岩的话来说：“花一文钱要能收到十文钱的效果，才是花钱能手。”

中国历史上不乏深通舍得精髓的成功商人，他们利用余财热心慈善，资助公益事业，最终善名远扬，同时也在事业上得到了更大的回报。早在春秋战国时代，帮助越王勾践灭吴复国的范蠡 19 年当中三次破家散财，屡屡资助、救济贫贱乡里。结果，他的家不但没破，反而还蒸蒸日上，后世子孙连续出现大富大贵之人。胡雪岩身处其中的徽商文化历来就有济贫救荒、修桥铺路、捐衣施食、疏渠筑坝、投资兴学的良好传统，胡雪岩不但继承了这个传统，还将其发扬光大。

胡雪岩的家乡就在钱塘江边。胡雪岩生活的时代，这条河的水量远比现在丰沛。当时，钱塘江从杭州到萧山西兴的江面宽达十余里。每逢春秋多雨季节，上游水流湍急，疾驰直下，再加上逆流涌入的海潮，就形成了天下闻名的“钱塘江潮”。对现在的人而言，钱塘江潮是道美丽的风景，然而对晚清时代的人而言，钱塘江却是足以要命的“鬼门关”。那时候的钱塘江上还没有大桥，要想过江，就只能依靠渡船。钱塘江的水文情况异常复杂，稍不注意，就可能落水翻船。晚清时代，钱江两岸的人要想过江，就必须挑选天气晴朗、风平浪静的好日子。即便如此，家里的亲人也要祭祖求神，祈祷平安。

受限于当时的技术条件，唯一能够提高渡江安全系数的办法，就只能是把渡船造得越大越好。问题在于，这是个“赔本赚吆喝”的买卖，属于纯粹的公益事业，除了官府有限的拨款，主要依靠各大买卖、富户主动捐款。消息传出，应者寥寥。在紧要关头，胡雪岩率先慷慨解囊，捐银十万两，主办钱江义渡，并且豪情万丈地宣称：“此事不做则罢，做必一劳永逸，至少能受益五十年至百年。”当然，胡雪岩之所以如此慷慨，也是有他的目的的。当时，绍兴、金华等浙江“上八府”一带的人来杭州都要从西兴乘渡船，在望江门离船上岸。胡庆余堂的竞争对手，同样属于杭州老字号的叶仲德堂药店恰好就设在望江门直街上，这家药店因此生意兴隆。胡雪岩的胡庆余堂则设在河坊街大井巷，平时的客流主要是浙江“下三府”的人，生意相对要清淡得多。

读过《三国演义》的人都知道，诸葛亮打仗讲究天时、地利、人和，做生意也同样如此。胡庆余堂的买卖之所以不如叶仲德堂，主要就是输在了地利上面。胡雪岩之所以愿意出钱兴办义渡，除了方便大家的考虑，另一个目的也是想扭转自己在地利方面的不利条件。胡雪岩的这个灵感还是从码头船工那里得来的。话说有一次胡雪岩坐船渡江，船工忽然没来由地说了一句："要让上八府的人改道进杭城，除非是你把这个码头搬个地方！"言者无意，听者有心，从那时开始，胡雪岩就有了兴办义渡的念头。

作为义渡的挑头人，胡雪岩出钱、出力最多，自然也就拥有最多的发言权。经过实地考察，胡雪岩最终把渡口选在了杭州三廊庙附近江道比较窄的地方。渡口选好以后，胡雪岩又出资造了几艘大型渡船，不仅可载人，还可以载车和牲畜，而且完全免费，又快又稳又省钱。这样的渡船每天往返十多次，"上八府"的人要想坐胡雪岩的船，就必须改道从鼓楼进城。他们一进杭州城的大门，抬眼就可以看到胡庆余堂，药店的生意因此红火了起来。不仅如此，鉴于钱塘江水文复杂，经常出现船只遇险、人员落水的情况，胡雪岩还成立了一只救生队。每次遇到风高浪急的情况，救生船便挂着红旗，去江中巡游，救人无数。

胡雪岩义渡的名声越来越响。每天往来钱塘江面的渡船除了为胡庆余堂带来滚滚客源，也让胡雪岩声名远播，获得了上上下下的一致好评。这也成为他经营自己商业帝国的一笔"无形资产"。光绪年间，胡雪岩由于朝廷和洋人的双重挤压，最终破产，义渡因此无法继续维持，浙江旅沪七邑同乡会的常务董事之一俞襄周，效仿胡雪岩的成功案例，策动同乡会向社会各界募集基金，接办胡氏义举。不仅如此，俞襄周还在胡雪岩的基础上更进一步，专门从洋人那里购买了一艘小型机轮，用以拖带原有的木质渡船，后来干脆把渡船直接换成了四艘铁壳柴油机轮。俞襄周同样因此得到了各种有形无形的好处。

看到这里，也许有人会指责胡雪岩行义举的动机不纯，然而正如本节开头所说的那样，所谓“毫不利己，专门利人”的人终究只是少数。像胡雪岩这样，通过有目的的“舍”，换取相应的“得”，方便了别人，也实惠了自己，又何乐而不为呢？胡雪岩借助财富为自己赢得了善名，又借助善名获得了更多的财富，这就是他高明的地方，足以令今人敬佩，又可引人借鉴。

生死关头，拉人一把

笔者问曰：人生苦短，何苦替别人作嫁衣？

胡雪岩答曰：你肯为别人打伞，别人也才愿意为你打伞。

孟子有云：“不涸泽而渔，不焚林而猎。”孟子这套理论的实质虽然主要是指维护人与自然的可持续发展，但也同样适用于人类社会本身。具体到人类社会本身而言，所谓的“不涸泽而渔，不焚林而猎”指的是做人、做事不要赶尽杀绝，既要给自己留后路，也要给别人留后路，实现人与人之间的“可持续发展”。

胡雪岩这个人向来就有慷慨仗义的美名，但有时候又抠门得要死，凡是他认为不该花却白白浪费出去的钱，哪怕只是几个铜板，也要一抓到底，追究当事人的责任。话说有一天，胡雪岩正在为一笔莫名其妙的开销批评阜康钱庄的掌柜，外面的伙计忽然闯进来说有个商人十万火急地要求见他。胡雪岩屏退左右，请来人进来。前来拜见的商人满脸焦急之色，见了胡雪岩稍稍寒暄，便说出了自己的来意。原来，这个商人最近做买卖刚赔了本儿，急需一大笔资金来周转。为了救急，他打算拿出自己全部的产业，按照非常低的价格转让给胡雪岩。胡雪岩之前并不认识这个人，防人之心不可无，为了验证是否确有其事，他只是随意应付了几句场面话，让来人第二天再听消息。送走了这个商人，胡雪岩立刻把手下撒出去四处打探，最终证实商人所言非虚。

胡雪岩心里有了底，连忙让麾下的钱庄准备银两。由于对方需要的现银数目巨大，钱庄里的存货不够，胡雪岩又特意从别的渠道抽调了一些。第二天，胡雪岩将那个商人请到店里，表示自己将按照远高于对方预期的市场价格做这笔买卖。对胡雪岩的行为，商人感觉不可理喻，他原以为对方肯定会乘人之危，在自己已经开出的价格基础上再狠狠地打个折扣，没想到胡雪岩居然会连送到嘴边儿的肉都不吃。更让商人吃惊的地方还在后面，胡雪岩拍着商人的肩膀对他说，这些产业只是暂时抵押给自己，等到他挺过了眼前的难关，可以随时赎取。当然，赎取的前提是要在原价的基础上适当加些利息。胡雪岩的所作所为让商人感激不已，大恩不言谢，他只是对着胡雪岩深深作揖，然后就眼含泪花转身离开了。

商人前脚刚走，胡雪岩的手下就炸了窝，特别是那些此前一天挨了训的伙计，心里更是不服气。自己赔也只是赔了几个小钱儿，可大老板胡雪岩居然连送到嘴边儿的肥肉都不吃。不吃也就罢了，居然还主动给对方多付了那么多银子，这才是真正的败家呢。面对众人的指责，胡雪岩边喝热茶，边和大家谈起了自己年轻时的经历："我年轻时，还是个小伙计。东家经常让我拿着账单儿四处催账。有一次，正在赶路的我遇到了大雨，幸好随身带了雨伞。走着走着，我发现一个同路的陌生人没带伞，已经被雨淋湿了衣服，便顺手帮他挡了挡雨。后来，我养成了习惯，只要赶上下雨，就会帮没带伞的陌生人挡挡雨。久而久之，很多人都认识了我。再后来，我出门根本就不用带伞了，因为下雨的时候，总会有人帮我打伞。

讲完这个故事，胡雪岩微微一笑，又喝了口茶，继续说道："你肯为别人打伞，别人也才愿意为你打伞。那个商人的产业可能是几辈人积攒起来的，如果我乘人之危，赶尽杀绝，他虽然表面上无可奈何，心里肯定会恨死了我。要是这个人继续走背运，彻底成了穷光蛋，倒也罢了；万一他咸鱼翻身，我就成了他的眼中钉、肉中刺。为了赚这么点儿昧心钱，树个不共戴天的仇家，实在划不来。反过来说，我在他危难之中拉了他一把，只不过是少赚了些，其实也没赔本。万一这个人真的运气好，我不但可以赚到利息，还结识了个有用的朋友，将来没准儿就能帮上自己的忙。这笔买卖，我既赚了钱，又救了一家人，既交了朋友，又对得起良心，何乐而不为呢？"

众人听了胡雪岩的话，心悦诚服，久久无语。后来，那个商人真的又以很高的价格赎回了自己的产业。胡雪岩赚到了钱，又认识了个有本事的好朋友。不仅如此，这件事还让胡雪岩声名远扬，无论是胡雪岩的属下，还是同行，乃至官绅、百姓，都对有情有义的胡雪岩钦佩不已。有了好人缘、好名声的胡雪岩真正做到了走遍天下都不怕，无论经营哪个行业，总是有贵人相助。或许就像他自己所说的那样，只有肯为别人遮挡风雨的人，才能让更多的人来为他遮挡风雨。

先做好事情，再谈报酬

笔者问曰：老板、领导喜欢什么样的员工、下属？

胡雪岩答曰：先做好事情，再谈报酬。

法国外籍军团有个约定俗成的规矩。作为具有政府背景的雇佣军，也可以说是比较特别的企业，上至军团司令，下至普通士兵，所有人在外籍军团中的考量标准都是一样的，那就是你为军团赢得了多少利润。按照这个标准，那些屡次替军团出力的老兵可以根据自己的业绩，水涨船高地享受各种普通军人无法想象的待遇，比如私人别墅、专门厨师、免费仆人等。相反，那些刚刚加入军团的成员，无论此前军衔多高，都必须像普通士兵那样住集体宿舍，吃大锅饭。直到他们开始为军团赢得实际的利润，情况才会逐渐改善。法国外籍军团的多数士兵应该并不了解中国传统的“舍得”哲学，恐怕连汉语也未必会说，然而这却并不妨碍他们将这种哲学实践到自己的生活、工作当中。有“舍”必有“得”，要“得”必先“舍”，这其实是人类达成的普遍共识。

现而今的社会，聪明的人很多，有能力的人也很多，渴望投机取巧、少费力气多赚钱的人很多，而真正愿意通过实实在在的劳动换取相等回报的人却很少。在每年一度的招聘季节中，刚刚走出校门的大学生最关心的往往是“某家单位能给我多少报酬”，却很少有人仔细想想“我能为这家单位做些什么”。时代毕竟不同了，“只重付出不讲回报”的价值观实际上已经成了多数人眼中过时的“老古董”。不过话说回来，时代虽然不同了，但是“按劳取酬”“付出与回报呈正比”仍然是被大家共同遵守的基本规则。在这个基础之上，对多数人而言，“只重付出不讲回报”和“只重回报不讲付出”一样，都是不现实的。我们的生活、工作必然是要在“舍”与“得”之间相对平衡，而且“舍”往往是先于“得”。胡雪岩就是这么一个精通舍得哲学的人，非常清楚“先做好事情，再谈报酬”的道理。当学徒的他曾经是这么要求自己的，成了老板以后的他也是这么要求自己的手下的。

胡雪岩当学徒的时候，按现在的话来说，是个“眼睛里有活儿”的人。老板交代的工作，当然要一丝不苟地完成、做好；老板没有交代的工作”，能做的也尽最去做。现在的很多人可能会对这样的做法嗤之以鼻，他们的原则是“老板给了多少钱，就干多少钱的工作。无论过去，还是现在，这样的人其实都很难有什么发展。与这种想法不同，自己做了额外的工作，如果被老板知道了，那就意味着各种潜在的回报机会；即便老板不知道，也可以通过这种方式，更多积累经验、提高能力。话又说回来，群众的眼睛是雪亮的，老板、领导的眼睛当然也不瞎，长年累月地默默付出，终究会有被发现、被认可的那天。总而言之，在胡雪岩看来，这么做，自己其实都是不吃亏的。

机遇总是偏爱有准备的人。话说有一次，浙江金华的一位火腿客商到胡雪岩学徒的钱庄洽谈业务。没想到，这个人还没来得及谈什么业务，就得了大病，躺在床上起不来了。这个客商在当地举目无亲，没人照顾，拖着病体不可能返回金华。当时的医疗水平比较低，现在人眼里的“小病”都可能要人命。客商担心自己异乡做鬼，心里焦急万分。胡雪岩这个人本来就是个热心肠，对方又是自己供职钱庄的客户。在这种情况下，自己出手帮些力所能及的小忙，既对得起良心，又履行了服务客人的义务。思前想后，虽然没有得到老板的明确指示，胡雪岩还是把这个工作承担了下来。

半个月以后，金华客商大病初愈，马上就请钱庄老板吃饭，顺便表示自己的谢意。觥筹交错之间，客商一顿感激之词说得钱庄老板云里雾里。两人把胡雪岩叫来一问，才搞清了事情的原委。为了照顾老板的面子，胡雪岩还特意强调说，虽然老板没有明确指示他负责照顾客商，但是他们的钱庄一向就要求伙计要为客户竭诚服务。所以他这么做，实际也是遵照老板的教导。听了胡雪岩的一席话，金华客商大为感叹，觉得这么优秀的员工非常难得，马上就动了挖墙角儿的念头，邀请胡雪岩到自己的铺户上班。

就胡雪岩当时的情况而言，他本身就立志要开钱庄，已经掌握了其中的不少门道，跟金华客商走，等于重新打鼓、另开张。更何况，眼下的老板对他也很不错。由于这三个原因，胡雪岩骨子里并不愿意去金华，可他并没有直接拒绝，而是将一番话说得八面玲珑：“这个不行，要问我们的老板。老板同意，我才可以答应你。如果老板需要我在这儿，虽然我想去，也不能跟你走。”胡雪岩的话照顾了老板的面子，又很有策略地把球踢给了老板，避免了自己由于直接拒绝，伤了金华客商的面子。钱庄老板面对如此优秀的员工，自然不能轻易放手，于是就委婉回绝了金华客商。不仅如此，意识到胡雪岩价值的他事后立刻给胡雪岩转了正、涨了工钱，还许诺了将来的提升机会。胡雪岩曾经的付出，最终还是得到了相应的回报，甚至比他自己期待得更多。

宁亏自己，不亏别人

笔者问曰：商人不该斤斤计较吗？

胡雪岩答曰：商人都是重利的，难免斤斤计较，但这些人只能是小商人，生意做不大。

从某种意义上来说，人都是自私的。古往今来，为了一点儿小利益，夫妻各奔东西、兄弟反目成仇、父子对簿公堂的事其实并不新鲜，更何况朋友、合伙人之间呢？就商人而言，唯利是图天经地义，为了争利而头破血流，是再正常没有的事了。宁愿自己吃亏，也不亏别人，那不是脑子有问题吗？胡雪岩就是这么一个“脑子有问题”的人。

万事开头难。胡雪岩刚开始接触洋庄买卖的时候，为了做成第一笔生意，可谓费尽心机，又要收买人心，又要拉拢同行，又要控制商场、垄断价格，甚至还要游走于官场势力、漕帮首领和洋商之间，斗智斗勇，实在冒了很大的风险。所幸功夫不负有心人，胡雪岩最终做成了第一笔洋庄买卖，赚了18万两银子。问题在于，钱赚回来了，可是不能由胡雪岩独吞，而是要把这些钱按比例分给各个合伙人，这其中当然也包括一些所谓的“打点”、“孝敬”。就这么分来分去，胡雪岩的手里最后居然只剩了1万多两银子，大家都赚了，只有他赔了。看到这样的结果，胡雪岩的亲朋好友都急了，纷纷劝告胡雪岩别那么傻，先把自己的留足了，然后再给大家分。胡雪岩却坚决不同意，宁可自己受损失，也不愿意亏了朋友。一时之间，胡雪岩“很傻”的名声就悄悄流传开了。

有句话说得好，傻人有傻福。“犯了傻”的胡雪岩最后其实也没吃亏。作为合伙人之一的庞二后来知道了这件事，立即对胡雪岩敬佩有加。他觉得，一个商人如果能做到如此气魄，绝非池中之物，必定前途无量。对胡雪岩敬佩有加的庞二决定跟他继续联手做洋人的买卖。当时的胡雪岩属于刚刚起步，庞二却已树大根深，控制着上海生丝市场的很大份额。家大业大的庞二无法对方方面面都照顾得很周全，就决定让胡雪岩以“入干股”的形势跟自己合作，负责管理上海的生丝买卖。这样一来，胡雪岩一两银子也不用花，就成了上海生丝行业的“大哥大”。让人匪夷所思的是，重利面前，胡雪岩再次“犯了傻”。就当时的情况而言，能够跟庞二合伙，是胡雪岩求之不得的事。然而，胡雪岩并不接受吃“干股”的做法，而是提出必须由自己拿出现银充当股本。鉴于实力不如庞二，表示自己可以贡献全部股份中的两成。也就是说，庞二拿40万两，他拿10万两。不仅如此，双方还要订立明确的合作协议。

很多人可能都会认为胡雪岩这么做是“傻”到家了。吃“干股”赔了是别人的，赚了是自己的，放着便宜不占，偏偏要自己出本钱，那肯定是脑子有问题的。抱着这种心态的人如果经商的话，可能是个比较成功的小商人，却注定成不了胡雪岩那样的富商巨贾，正如他自己所说:“商人都是重利的，难免斤斤计较，但这些人只能是小商人，生意做不大。”天下没有免费的午餐，当然也没有可以白占的便宜。很多时候，暂时占到的所谓“便宜”其实未必就是便宜，反倒可能是个让你吃亏吃到底的陷阱，所谓“贪小便宜，吃大亏”，说的就是这个道理。能够懂得这个道理的商人，就是和胡雪岩一样具有战略眼光的大商人。

就上面的两个案例来说，胡雪岩的处理方式无疑都是高明的，他的眼光也是常人无法企及的。在第一个案例当中，胡雪岩亏了自己，便宜了大家。从表面上看，他的这笔生意是做赔了。不过，他却通过这种方式赢得了慷慨仗义的好名声，换取了众人的好感，为以后的继续合作打下了基础。从这个角度来说，胡雪岩其实是赚大了。后来庞二的主动上门要求合作就是证明。在处理庞二“干股”问题方面，胡雪岩更是表现出了高于常人的眼光。庞二主动邀请，的确是件天上掉馅饼的好事，拿“干股”确实也可以让胡雪岩暂时占个大便宜。问题在于，感情是感情，生意是生意，不能一概而论，搅在一起夹缠不清。庞二的“干股”只是一时之间激于义气，这其中具有很多的不确定因素。首先，所谓的“干股”是无法量化的。这样一来，整个事情的主动权就等于交到了庞二手里，胡雪岩成了替他打工了，只能任人宰割，眼睁睁看着利润的大头儿都被庞二拿走，真正出力的却是他自己。其次，人是会变的，庞二邀请他，难保不是头脑发热的结果。万一哪天他变了卦，“干股”也没有任何约束力。

胡雪岩不要“干股”，而是拿出10万两现银直接参股，虽然表面上舍弃了一些利益，但是这样一来，他跟庞二之间也就有了明确的责任和信用关系，长期合作因此得到了保证，胡雪岩也才可能得到更长久的利益。李嘉诚曾经这样教育自己的儿子李泽楷，假如和别人合作，他拿7分合理，8分也可以，那他拿6分就可以了。从某种意义上来说，商人追逐利润，爱占便宜，都是无可厚非的。不过，一个商人要想做大、做强，就不能过于斤斤计较，该舍的时候必须要舍。宁愿损了自己的利益，也不能亏了别人的人，才是真正的精明人。

与人方便，与己方便

笔者问曰：帮助别人有什么好处？

胡雪岩答曰：与人方便，与己方便。

佛家讲究“因果”，认为有“因”就必然会有“果”。按照这个逻辑，有“舍”必然就会有“得”，虽然很多人在帮助别人的同时并不追求回报，但是付出了就一定会得到回报。胡雪岩对此的理解是：“与人方便，与己方便。”胡雪岩在湖州有个朋友名叫郁四，他们两人是通过王有龄相识并结为知己的。这对朋友合伙人做起生意来可谓所向披靡。正当二人意气风发，准备大干一番事业的时候，郁四却因家事牵挂，无心做生意，甚至想要寻短见。得到消息的胡雪岩放不下心，丢下手头儿的事情，亲自从上海跑到湖州探望老友。郁四见到胡雪岩感到前所未有地高兴，长期积郁胸中的心事终于找到了倾诉对象。原来，郁四长子新近刚刚去世，白发人送黑发人，本身就是个沉重的打击。偏偏在这个时候，眼见家族财产没了继承人，郁四已经出嫁的女儿便开始暗中谋夺家产。

当时，郁四身边还有个已经怀孕的小妾。按照过去的规矩，郁四的儿子已死，如果他从此断了香火，那么女儿就是家产的唯一合法继承人。相反，如果这个小妾生了儿子，郁四的女儿作为已经出嫁的姑奶奶，是一分钱也拿不到的。为了谋夺家产，郁四的女儿首先要做的就是想尽办法把父亲的小妾赶走。为了达到这个目的，她开始在父亲身边不停地给那个小妾造谣。郁四年纪大了，人也糊涂了，最终听信了女儿的话，把小妾轰出了家门。轰走小妾的郁四很快就后了悔，但是木已成舟，很难再有挽回的办法了。

中国人有句老话：清官难断家务事。除此之外，还有这么一句话叫“疏不间亲”。这两句话的意思都是向人们强调家庭内部问题通常都是非常复杂的，外人轻易不要插手，否则很可能会闹得猪八戒照镜子——里外不是人。有鉴于此，即便最亲密的朋友，通常也不会干涉对方的家事。在郁四这个问题上，一贯热心肠的胡雪岩却偏偏要碰碰这个禁区。

相比郁四，胡雪岩的脑子更清楚，主意也更多。听了老友的倾诉，他马上就有了主意。在胡雪岩看来，郁四的女儿之所以跳出来折腾，无非就是为了钱。话说回来，作为已经出嫁的女儿，从当时的法理上来说，她其实没资格去闹。但是，作为这个家庭的一员，从情理上来说，她又有这个资格去闹。如果单纯对郁四女儿的要求采取拒绝态度，就可能激化矛盾，问题会越来越复杂。基于上述考虑，胡雪岩劝告郁四索性给女儿一笔钱，适当满足她的要求。不过钱可以给，话要说清楚，从此不许她再闹。解决了女儿的问题，小妾那边的问题也就迎刃而解了。心里已经没了主意的郁四把胡雪岩当成了救命稻草，言听计从。他按照老友的主张，把女儿找来给了一笔钱，又当面把该说的话说了，女儿果然就不再作梗了。

解决了郁四的女儿的问题，胡雪岩又开始着手让老朋友和小妾破镜重圆。这个问题其实要好办得多。郁四很快就和心爱的小妾重新生活在了一起，没过多久，小妾就生了个儿子。家和万事兴，解决了家庭问题，接续了后代香火的郁四重新找回了状态，他和胡雪岩的生意再次呈现出了红红火火的态势。

胡雪岩之所以愿意冒着风险插手朋友的家务事，除了发自内心的古道热肠，最主要的原因恐怕还是担心就此失去一个优秀的合作伙伴。除此之外，他也并没有指望得到更多的回报。胡雪岩可能做梦也没想到，就在出手帮助朋友的同时，他自己的人生和事业也迎来了一次巨大的转机。这或许就应了他常说的那句话：与人方便，与己方便。

郁四和小妾破镜重圆，又喜得贵子以后，两人都对胡雪岩感恩戴德，打算好好报答报答他。此时的胡雪岩事业虽然还没发展到顶峰，但也已经算得上是个富商大贾，物质方面什么也不缺。小妾从女人的角度出发，打算再给胡雪岩介绍门亲事，帮他纳个妾。胡雪岩这个未来的“如夫人”就是芙蓉姑娘，她有个远方叔叔，叫刘不才。关于这两个人的情况，前面已经有所介绍。

芙蓉姑娘当时正在守寡，但才貌双全、人品端正。按照那时候的习俗，守寡的女人如果再嫁，只有两条出路，要么是给年纪比较大的鳏夫续弦，要么就是充当偏房。在这种情况下，芙蓉姑娘即便是给胡雪岩当妾，也还算是个不错的选择。按照郁四的安排，胡雪岩和芙蓉姑娘“偶然”邂逅了。两个人一见钟情，但是碍于礼教，双方都没有表示什么。早已看出端倪的郁四故意吊胡雪岩的胃口，假装什么也不知道。

没过多久，郁四突然请求胡雪岩帮忙去瑞安走一趟。此行的目的本来没什么特别重要的事情，随便派个人去都可以，不过胡雪岩碍于朋友的面子，虽然心中纳闷，也只得走上一趟。两天以后，办完事情的胡雪岩返回湖州。船未靠岸，郁四派来的人就带着一套新衣服在岸上等他，还要求胡雪岩先去洗个澡，再回郁府。愈发摸不着头脑的胡雪岩洗了澡，换了新衣服，神清气爽地回到郁府，发现那里已经张灯结彩，一派喜庆气氛。不明就里的胡雪岩以为是郁四有喜事。直到宾朋纷纷过来道贺，他才搞明白这场喜事的主角居然是自己。原来，郁四通过那次精心安排的见面，已经看出胡雪岩和芙蓉姑娘互相有意。为了给胡雪岩个惊喜，他特意找了个理由把老朋友支出去两天。在这两天当中，郁四处理好了一切事宜，胡雪岩什么心也没操，直接就成了新郎官。事已至此，生米成了熟饭，他也就乐得笑纳朋友的好意了。

通过上面这两件事情，胡雪岩和郁四的友情进一步加深，双方的合作也越来越紧密。更让两人没想到的是，胡雪岩结了个婚居然还有意外收获。正是依靠芙蓉姑娘提供的秘方，还有她那个远房叔叔刘不才，胡雪岩才办起了胡庆余堂，又为自己的商业帝国开辟了条财路。时至今日，胡雪岩早就做了古人，他的商业帝国也已辉煌不再，胡庆余堂的牌匾却依然保留在那里，见证着曾经的这段佳话。

拿得起，放得下

笔者问曰：如何看待得失成败？

胡雪岩答曰：拿得起，更要放得下。

战场上没有永远不打败仗的将军，生意场上也没有常胜不败的“不倒翁”。生意场上，没人敢说自己可以永远立于不败之地，也没人可以永远立于不败之地。从某种意义上来说，做生意，成功总是相对的，失败是绝对的。风险与机遇并存，人人都不希望自己遭遇挫折、失败，但挫折和失败却不会因此不主动找上我们的门来，做生意如此，日常生活也是如此。

基于上述原因，任何打算纵横商海的人，在迈出第一步的时候，就要做好输的心理准备，要具备赢得起也输得起的心理素质，泰然面对成败，拿得起，更要放得下。胡雪岩就是这样一个“拿得起，放得下”的好汉。胡雪岩晚年的时候，他的商业帝国日渐凋零、摇摇欲坠。消息传开，上海的阜康钱庄总号随即发生挤兑风潮，而且第二天就波及杭州。胡雪岩匆匆从上海返回杭州，力图挽回局面。屋漏偏遭连阴雨，就在他全力以赴，苦撑局面的过程中，设在宁波的通裕和通泉两家钱庄同时倒闭。

通裕和通泉两家钱庄属于阜康钱庄设在宁波的联号。上海阜康钱庄总号挤兑风潮开始以后，胡雪岩还打算从这两家联号筹集现银，以解燃眉之急。现在，由于宁波市面萧条，这两家钱庄不仅无法接济阜康总号，甚至自身难保。为了躲避打破门的债主，通泉的掌柜直接跑路，通裕则自请封闭，用现在的话说，就是申请破产。在这种情况下，宁波海关监督候补道瑞庆命宁波知府查封通裕，同时给现任浙江藩台德馨发来电报，告知宁波通裕、通泉两家钱庄已经倒闭的消息，并请浙江藩台转告这两家钱庄在杭州的东主，急速到宁波协助处理后续事宜。

既然通裕和通泉两家钱庄属于阜康联号，负责处理这件事情的直接责任人当然就是胡雪岩。德馨这个人和胡雪岩非常有交情，接到电报的第一时间就通过熟人向胡雪岩通报了通裕、通泉问题的某些内部消息。与此同时，他还向胡雪岩许诺，如果搞定这件事情的费用可以控制在 20 万两银子以内，就可以由浙江藩库暂时垫付，胡雪岩方便时候再慢慢归还。得到消息的胡雪岩向藩台大人表示感谢，却不肯接受这个解决方案。胡雪岩认为，德馨的方案治标不治本，两家钱庄虽然可以暂时度过危机，但以后的事情仍然难以预料。况且，胡雪岩也无法保证按时归还20万两银子的公款。这件事情一旦东窗事发，德馨就有可能丢官罢职。冒这么大的风险，去维持一个暂时的局面，实在不值。既然通裕、通泉这两块“肉”已经烂了，与其剜肉补疮，还不如集中力量去维护其他还没烂的“肉”。如果拿不起，放不下，一味地在这个问题上纠缠，就很可能出现按倒葫芦起来瓢的情况，局面就会变得无法收拾。有鉴于此，胡雪岩决定放弃维持通裕、通泉这些已经基本难以维持的商号，投入全部力量保证目前还可以正常营运的杭州阜康钱庄，也就是竭尽全力保住还没烂的“肉”。

从现代经营管理学的角度来说，放弃已经烂掉的“肉”，集中力量维护还没烂的“肉”，其实就是一种处变不惊，收缩战线，全力图存，以求再战的策略。在面临全面崩溃，而且已经出现漏洞的情况下，及时收缩战线，集中人力、物力保住还有可能保住的部分，对于应对危局和减小损失是非常必要的，也是非常有效的。首先，这种策略可以避免力量过于分散。在财力本来已经有限的情况下，最忌讳的就是力量分散，因为这样会极大削弱本来就有限的财力、物力的效能。其次，这种策略可以避免四面出击。在已经面临全面崩溃的情况下，要保住自己所有的利益，事实上是做不到的，因此，最忌讳的就是头痛医头、脚痛医脚般地四面出击。四面出击，最终很可能就会四面不保。最后，这种策略也有利于危机解除之后尽快恢复元气。在面临全面崩溃的情况下，商人的首要目标应该是图存而不是进取，也就是说，应该尽量保留“火种”，以图东山再起。留得青山在，不怕没柴烧。只有丢弃那些已经明显无救或救之极难而又于全局补益不大的部分利益，才有可能最大限度地保全自己的整体利益。

钱财乃身外之物，生不带来，死不带去。这几句话人人会说，意思也人人都懂，但真正能做到的人却没有几个。人生不如意常十之八九，日常生活如此，做生意也是如此。在面对巨额钱财得失的情况下，能像胡雪岩那样真正洒脱地将钱财看成是身外之物，是件非常不容易的事情。

懂得以退为进

笔者问曰：只有一直向前冲的人才是英雄吗？

胡雪岩答曰：在战场上要有必要的撤退，在商场上也要有退一步的打算。

俗话说得好："留得青山在，不怕没柴烧。"很多时候，暂时退让，是为了将来更大地进取。生意场上，死抱着一些眼前的蝇头小利不放，丢西瓜，捡芝麻是不明智的。聪明的经营者应该为了长远目标暂时放弃眼前利益，尤其是在形势不利于自己时，更要善于以退为进。只有这样，才能实现自身的利益最大化。

胡雪岩刚进入上海市场时，曾经费尽心机地要在朝廷和洋人之间扮演中间人的角色，借助两方势力为自己所用，形成"三赢"的局面。之所以要这么做，是因为洋人和朝廷是当时能够控制上海的最强大的两股力量，作为商人，胡雪岩谁也得罪不起。按照他的计划，自己的商业帝国将在上海设立一系列的分号，比如上海阜康钱庄分号、米行，甚至戏院、茶楼等。所有这些设想，没有朝廷或者洋人任何一方配合，都不可能变成现实。

当时的上海市面其实并不太平，洋人跟朝廷明里暗里斗得不可开交，双方的主要矛盾集中在小刀会和太平天国方面。首先来说小刀会。这个组织虽然具有明显的反清特征，在上海闹得不可开交，他们却非常理智地和上海的洋人达成了某种默契。洋人在上海的利益并没有受到损害，相反，他们还趁机向小刀会倾销军火，大发横财。清廷对于这种背信弃义的行为自然非常不满意。更有甚者，洋人还在清廷和太平天国之间要两面派，同时向清军和太平军兜售武器，两头赚钱。这进一步惹恼了朝廷。为了教训上海的洋人，朝廷决定对洋人在上海的利益采取限制措施，颁布了禁止丝茶运往上海的禁令，同时决定在上海设立内地海关，增加关税。洋人和清廷的矛盾因此被激化了起来，上海市面也受到了影响。

洋人和清廷虽然在上海暂时闹得势同水火，但是双方的关系仍然具有很大的回旋余地。就洋人来说，他们来中国就是为了赚钱，获得工业原料和廉价的劳动力，得罪了清廷，这一切就无从谈起。就清廷来说，上至慈禧太后，下至普通大臣，虽然多数都对洋人恨之入骨，但是此时的中国已经离不开洋人提供的各种支持，比如武器、机械、技术，乃至普通工业产品等。更何况，一旦与洋人交恶，朝廷在海关关税方面的收入也将大受损失。有鉴于此，无论洋人，还是朝廷，其实都不希望双方的关系真正闹僵。在这种情况下，一个相对中立，能够居中调停的中间人，就显得尤其重要了。当然，这个中间人也将因此获得可观的利益。

正是由于参透了其中玄机，胡雪岩坚定了要当这个中间人的决心。话说回来，这个中间人也不是平白就可以当上的，它首先需要当事人放弃自己的某些利益，以便换取双方的信任。前面已经提到，胡雪岩曾经利用小刀会在上海起事的机会，囤积了一批生丝，打算趁机加价销售给洋人。为了充当这个中间人，换取洋人的好感，胡雪岩临时改变了主意，决定拿出这批生丝中的一大部分，仍然按原价销售。这么一来，他原先准备囤积居奇、赚取暴利的心思也就白费了。然而，胡雪岩身为“商圣”，看中的显然不是这点儿蝇头小利。他的真正意图，是想通过以退为进的手段，成为洋人和朝廷之间的“跳板”，然后再居中赚取差价。如此一来，他所能获得的利润远远超过了生丝方面的损失。用胡雪岩自己的话说就是：“在朝廷和洋人之间斡旋，把彼此发生争端的原因拿掉，各让三分，叫官场相信洋人，也叫洋人相信官场，这样子才能把上海市面弄热闹起来。”那时开戏院、茶楼也好，买地皮也好，都会无往不利。打点好了洋人，胡雪岩又马不停蹄赶往苏州，拜见时任学台的何桂清。通过后者，将洋人的善意传达给朝廷，意在化解双方的矛盾。功夫不负有心人，通过胡雪岩的努力，朝廷与洋人达成谅解，胡雪岩成为双方在上海，乃至整个东南沿海地区谁都离不开的中间人。

精明的商人讲究有“舍”必有“得”，从某种意义上来说，所谓的“退”，本质其实也就是“舍”，它必然是要以“得”为前提的。因此，即便是暂时后退，也要为以后前进打下基础，单纯而盲目地为了撤退而撤退是不可取的。所谓“今日不生效，明日又来；今年不生效，明年又来。”正是在这个原则的基础上，胡雪岩才会主动放弃已经唾手可得的利益，换取洋人和朝廷双方的好感，以退为进，为以后的大买卖打开活路。

淡然面对失败

笔者问曰： 失败了怎么办?

胡雪岩答曰： 我是一双空手起来的，到头来仍旧一双空手，不输啥！不但不输，吃过、用过、阔过，都是赚头。只要我不死，你看我照样一双空手再翻过来。

1885年，胡雪岩走到了自己生命的尽头，他的商业帝国也已岌岌可危。在此之前，身为“红顶商人”的胡雪岩被牵涉左宗棠与李鸿章的官场斗争当中，成为牺牲品，被朝廷革职抄家。与此同时，他垄断生丝贸易、制约洋商的计划又遭到实力雄厚的洋商的联合反击，几千万两银子购买的生丝只能堆在仓库里腐烂发霉，胡雪岩落了个血本无归。得知胡雪岩可能破产，储户纷纷赶到他名下的钱庄挤兑现银，最终引发了连锁反应，胡雪岩名下的钱庄、典当行和药店纷纷倒闭，由此甚至形成了晚清时代最为猛烈的一场金融风暴。承受着这样的巨变，一夜之间从富可敌国沦落到一贫如洗，多数人可能就只剩下自杀这一条路了。然而胡雪岩却没有走这条路，面对前来慰问的亲友，他只是淡然地说："本来我什么都不是，现在没钱了，吃过，见过，玩过，乐过，最多赤条条来，再赤条条去。"

人之将死，其言也善，胡雪岩此时的话绝对没有自我安慰、阿Q精神的意思。事实上，胡雪岩这个人虽然一辈子经商，却并没有唯利是图，反而对钱财之类的身外物看得很轻。中国有句俗话：瘦死的骆驼比马大。当时的胡雪岩虽然濒临破产，但还很有些家底。官场中的朋友得到胡雪岩即将被抄家的消息以后，纷纷劝说他把这些浮财尽可能藏匿起来。这样一来，朝廷的抄家不但没有坏处，反而还有好处，因为那些外债就可以顺理成章地不了了之了。抄家过后的胡雪岩可以凭借这些藏匿起来的浮财隐姓埋名生活下去，仍然可以过得很富裕，甚至还有东山再起的机会。面对善意的劝告，胡雪岩没有同意，而是淡然地说："钱是身外之物，生不带来，死不带去，属于我的终究会得到，既然到了现在这个地步，又何必这样劳费心力呢。"

就这样，困境中的胡雪岩没有为自己匿产私藏。从一个商人的角度来说，他输了，不仅输得大气，而且输得光明磊落。不仅如此，胡雪岩在自身不保的情况下，仍然没有忘记别人，各个倒闭铺户里的伙计都由他妥善安置。这年年关，他还按照几十年来形成的夏天施茶、施药，冬天施棉衣、施粥的老传统，最后一次救济了爆竹声中那些饥寒交迫的穷人。

《淮南子·人间训》里有个"塞翁失马"的故事，这个故事在中国人当中可谓耳熟能详：

近塞上之人，有善术者，马无故亡而入胡。人皆吊之，其父曰：“此何遽不为福乎？”居数月，其马将胡骏马而归。人皆贺之，其父曰：“此何遽不能为祸乎？”家富良马，其子好骑，堕而折其髀。人皆吊之，其父曰：“此何遽不为福乎？”居一年，胡人大入塞，丁壮者引弦而战。近塞之人，死者十九。此独以跛之故，父子相保。

这个故事的作者最主要的目的，其实就是想要告诉人们，世事无常，这一分钟你可能还非常高兴，下一分钟就会痛苦万分。每个人都希望自己一生平安，然而对多数人来说，这样的希望就永远只能是个希望而已。人活一生，注定要经历数不清的顺境和逆境。按照老辈人的说法：三起三落，才是一辈子。对于顺境，大家都可以轻松面对；对于逆境，则需要一些智慧、一些平常心去淡然面对。《菜根谭》有云：顺境逆境，淡然处之。除了极少数的幸运儿，世界上的多数人一生都不可能永远处于顺境当中。像胡雪岩那样，在顺境中能够积极进取，在逆境中可以安之若素，努力转变现有的局面，则是我们每个人都应当具有的生活态度。

光绪十一年 ，也就是1885年，65岁的胡雪岩在贫病中淡然离世。他死后的第二天，朝廷派人来抄家。负责抄家的官员看到的，只有停放在租来的小屋里的一口棺材，外加一盏灯火小如豆的长明灯。原先富丽堂皇的住宅和胡庆余堂已经易主，换来的钱被胡雪岩用于还债，以及安置失业的老伙计。

一个传统的商人，一个自称只知道在“铜钱眼儿里翻跟斗”

的商人，居然能在一败涂地的时候输得如此洒脱，实在是难能可贵。正是由于这点，胡雪岩虽然输了，却虽败犹荣，丝毫不影响他“商圣”的名号。时至今日，他的墓碑依然静静地立在那里，提醒我们，生活中祸福无常、利弊相随。作为普通人，这一分钟的我们无法预见下一分钟将要发生什么事情，能够做到的只有怀着“福兮祸之所依，祸兮福之所伏”的平常心淡然看待生活中的风风雨雨，享受人生真正的快乐。

扬名造势　金字招牌

先赚名气后赚钱，要把名声扬起来。

——胡雪岩

做生意，从本质上说，就是推销自己、推销商品的艺术。一个商人如果掌握了扬名造势、打造金字招牌的诀窍，也就等于成功了一半。

让利造势

笔者问曰：让利优惠的原则是什么？

胡雪岩答曰：以小赚大，以少敛多，让更多的人知道、了解自己以后，再去赚取更大且长远的利润。

在各种造势手段当中，让利可能是最没创意的一种办法，但也是屡试不爽的一种办法。有鉴于此，懂得让利的精明生意人从不在第一笔生意上赚取别人的钱，而是本着“将要取之，必先予之”的原则，以小赚大，以少敛多，让更多的人知道、了解自己以后，再去赚取更大且长远的利润。

杭州城被清军从太平军手里夺回来之后，左宗棠把善后处理工作交给了胡雪岩，胡雪岩因此忙得不可开交。就在这时，杭州城来了个洋人，指名道姓要见胡雪岩。胡雪岩丈二和尚摸不着头脑，赶忙出迎，发现来人原来是驻扎在宁波的“常胜军”里的法国军官让内。“常胜军”也被称为“洋枪队”，是清廷为了镇压太平天国专门组建的。

说起来，让内其实是胡雪岩的老熟人。攻打杭州的时候，胡雪岩由于自身条件的优势，受左宗棠之托，专门负责联系洋人，从他们那里购买洋枪洋炮。胡雪岩领命之后，辗转来到宁波，找到了法国人让内。胡雪岩做生意很精明，替朝廷卖力也懂得精打细算。为了节约开销，他并没有直接购买枪炮，而是请求让内带着一支两百多人的队伍，到杭州城开上几枪、放上几炮。在他看来，当时杭州的太平军已成强弩之末，洋人只要稍稍助阵，清军就可以攻入城内。当然，朝廷也不会让洋人白辛苦，肯定是要支付酬金的，只不过这笔酬金跟直接购买军火的费用比起来还是划算许多。有钱能使鬼推磨，洋人拿了钱，自然替人消灾。胡雪岩就此结识了让内。

大概是因为在中国干的坏事太多，发了财的让内返回宁波没多久，被瘟疫折腾得死去活来，一连几天都高烧不退。让内这个人命不该绝，宁波城内恰好就有阜康钱庄的分号。眼看大老板的朋友一病不起，分号的掌柜立刻给他送去了“诸葛行军散”之类的药物。让内只吃了一天药，居然就可以下床走动了。第二天中午，已经基本康复的让内精神十足地跑到阜康钱庄宁波分号，询问掌柜给他送的究竟是什么神药，掌柜告诉他说，这是胡雪岩自己开的药铺炮制的中药，属于祖传秘方，非常灵验。让内听了之后很高兴，要求掌柜再给他一些，好拿回去救治其他同胞。掌柜倒也大方，把手里的所有存货都给了他。生病的洋人服了药，个个精神抖擞。尝到甜头儿的让内赶到杭州，要求胡雪岩再多提供一些这种中药。

洋人的认可让胡雪岩非常得意，同时也让他意识到了商机。听让内啰啰嗦嗦说完来意，胡雪岩二话没说，就实实在在送了他两大箱。让内打算付钱，胡雪岩却强调说这些都是白送的，不要钱。让内大惑不解，追问胡雪岩：“你不收钱，不就赔本了吗？”

胡雪岩只是笑了笑，并没有回答，此时的他心里已经拿定了主意。胡雪岩之所以这么大方，就是想利用让内替胡庆余堂做个活广告。名声造出去了，洋人的买卖自然也就上门了。两箱药可以白送，要是200箱药的话，即便胡雪岩愿意白送，洋人恐怕也不好意思白要。不出胡雪岩的预料，让内回去这么一宣传，再加上药效的确立竿见影，胡庆余堂很快就具有了“国际影响力”。不久之后，胡雪岩因公来到上海。安定下来没多久，就有洋人直接找上了门。洋人自称在宁波服过胡庆余堂的药，感觉药效奇佳。现在，他就要乘船回国了，希望胡雪岩卖给他一批成药，胡庆余堂的药自此走向了海外。

在这个案例当中，胡雪岩之所以要免费送给洋人药品，目的是想通过洋人给自己做大规模的活广告，创下自己的品牌，站稳脚跟，甚至走向海外。这是个典型的通过让利进行扬名造势的策略。仅仅凭借两箱药，胡雪岩不仅扬了自己的名，也扬了胡庆余堂的名，顺便还扬了阜康钱庄的名，可谓一箭三雕。正如前面所说，让利造势是个非常俗套，但却行之有效的办法，几乎稍微有点儿头脑的商人都懂得先赔后赚得道理。在他们眼中，暂时的“赔钱”是将来赚钱的基础，要想打好这个基础，没有一点付出是不行的。

在现代商业场合上，类似这样的案例举不胜举。不仅那些国际大公司，就连街头巷尾最不起眼的小吃摊子也懂得“开业三天酬宾”的道理。20 世纪 80 年代可口可乐刚刚进入中国市场的时候，多数中国人对这种舶来品其实并不接受，认为它的味道像“药汤子”。面对中国市场的不合作态度，可口可乐打出了屡试不爽的让利牌。先是无偿向中国提供了价值 400 万美元的可乐灌装设备，然后又花大力气在电视上做广告，最主要的是，他们大幅度压低了在中国上市的瓶装可乐的价格，获得了相对于本地饮料的巨大优势。可口可乐公司的让利行为吊足了中国消费者的胃口，也吊足了中国经销商的胃口。越来越多的中国人逐渐开始接受这种“药汤子”，可口可乐打开了中国市场。十多年以后，可口可乐已经风行中国，销售量和价格也大幅度增长。美国人当初无偿供给中国原料和设备不但早已收回成本，而且还赚了相当于这个数字好几十倍的利润。

名气就是利益

笔者问曰：人在商场，“名利”二字，孰先孰后？

胡雪岩答曰：名气一响，生意也就自然热闹起来。

按照封建时代“士农工商”的社会地位排序，商人处于社会的底层，即便可以拥有不菲的财富，但终归是被整个社会看不起的。吴敬梓的小说《儒林外史》中有这样的情节，富有的盐商和穷得只有一件长衫、一顶破方巾的秀才打架，秀才理直气壮，盐商却要被县官老爷从重治罪，理由就是因为作为下等人的他打了上等的读书人，足见当时商人的社会地位之低。由于这个原因，中国的传统商人多数都秉持着闷头发财，不招灾惹祸的原则，轻易不去关心读书人眼中的天下大事。到了胡雪岩生活的晚清时代，这种情况虽然有所好转，但是直到 1905 年科举考试被彻底废止以前，整个社会对于商人的歧视现象仍然存在。

与此前不同的是，到了晚清时代，很多商人逐渐改变了此前谨小慎微、息事宁人的处事原则，开始积极参与到国家的社会生活当中。胡雪岩虽然仅仅是一介商人，却秉持着传统儒家修身、齐家、治国、平天下的处世、立身之道，主动帮助筹粮筹款，赈济灾民，为社会安定和商业繁荣做出了自己的贡献。胡雪岩在官场、商场处处逢源，名声如日中天。很多人可能认为，胡雪岩这么做是图虚名，超越了商人追求利润的本分。事实上，名气和利益从来都不是截然两分的。从某种意义上来说，名气是一种厚积薄发的投资，它并不一定当时兑现，却终将得到应得的收益。很多时候，求利是商人的目的，名气则可以是商人求利的手段。身为商人的胡雪岩之所以那么热衷于以天下为己任，除了发自内心的道德追求以外，其实也恰恰是因为他看到了由此而来的巨大名声所蕴含的现实利益。有鉴于此，他从不轻易放过任何可以让自己声名远播的机会。

通过做慈善造势、扬名是现在很多商人、企业家惯用的手段。社会上对此多有指责，往往认为这些人的动机不纯。话虽如此，正如前面反复提及的那样，经商不是做慈善，商人重利天经地义，但是，商人如果能够在追求利润的过程中通过适当的形式帮助别人、热心公益，同时借此为自己换取有益的声望和影响力，其实也是件利人利己、两全其美的事情，总比一味地损人利己强得多。胡雪岩就是这么一个善于通过慈善公益事业照顾公众利益，同时也维护自身利益的“平衡高手”。

太平军占领杭州城以后，为了收复这座重要城市，左宗棠督率的清军对杭州采取了长期围城的策略。城内的太平军因此失去了外来接济，杭州很快便被清军攻破。破城以后，胡雪岩受左宗棠委托，负责处理当地的善后事宜。胡雪岩当时面临的首要问题就是处理战场上遗留的大量尸体，这其中既有清军的尸体，也有太平军的尸体。从中国传统文化的角度来说，人死之后是一定要入土为安的。如果死后暴尸荒野，任由鹰吃狗咬，这是最不吉利的事情。从卫生防疫的角度来说，如果任由大量尸体暴露在外，腐烂发臭，就会造成严重的环境污染，导致疫病流行。因此，无论从文化的角度，还是从实际的角度来说，及时处理战后遗留的大量尸体，都是一件非常紧迫而且必需的事情。问题在于，这件事情虽然很重要，却几乎没有什么利润可言，还非常烦琐、麻烦，所以也就没人愿意主动承担。有鉴于此，左宗棠才把这个费力不讨好的收尸的任务交给了素有“胡善人”美名的胡雪岩。

事实证明，左宗棠没有看错人。领受了任务的胡雪岩不仅利用朝廷有限的拨款迅速组织了一支收尸队，还自作主张，无论清军，还是太平军，只要是死在战场上的人，全部舍给一口棺材。当然，这笔额外的费用是由胡雪岩自己掏腰包支付的。今天的人可能已经无法理解棺材对于死者的重要意义。在中国古人的观念当中，棺材就是死者在阴间的“房子”。人在阳世的房子是临时的，在阴间的“房子”却是永恒的，死后没有棺材的人就好比无家可归的流浪汉，是最可悲的。由于这个原因，过去的中国人非常重视棺材，达官显贵往往为此一掷千金，普通老百姓为了买口质量好些的寿材，甚至也不惜倾家荡产。胡雪岩免费提供的棺材当然只能是最廉价的，按今天的观念来看，对死者其实也没有任何意义，但是，这些廉价的棺材却温暖了在世活人的心。因为这件事，一时之间，胡雪岩成了老百姓街谈巷议中功德无量的“超级善人”，人气爆棚，方方面面都对他充满好感，就连太平军方面也不例外。这无疑为胡雪岩的生意提供了许多便利。

尽管及时进行了清理，大战之后的杭州城仍然出现了疫病流行的苗头。事实上，早在清军围城时期，城内的太平军就已经发生了传染病流行的情况，后来就连城外的清军也没能幸免。左宗棠就曾经向胡雪岩诉苦说，瘟疫一来，肥的拖瘦，瘦的拖垮，整个人马上就跟丢了魂儿一样，就别指望军队能打胜仗了。更何况，绵延不断的战争本来就会造成大量的伤员，这些人同样急须救治。在这种情况下，刚刚安抚妥当死人的胡雪岩又将善意的目光投到了活人身上。

当时，胡庆余堂还没开业，但他手里已经有了一整套通过芙蓉姑娘得到的祖传秘方。为了不埋没这些秘方，让它们充分发挥济世救人的作用，胡雪岩又自掏腰包，配制了不少“红灵丹”“辟瘟丹”“诸葛行军散”之类的中成药，免费送到曾国藩、左宗棠军中，同时也向杭州当地的百姓免费发放。一时之间，杭州城内疫病流行的苗头得以控制，原本不通医术的胡雪岩在人们的口口相传当中，成了药到病除的“活神仙”。这个名声传到了洋人的耳朵里，就发生了前面提到的让内索药的故事。

杭州之战以前，胡雪岩本人其实还无意涉足医药领域。整个杭州善后问题的处理，让胡雪岩充分意识到了医药领域蕴藏的潜在利益。于是，一件原本纯粹非营利性质的公益事业，成了胡雪岩新财路的良好开端。胡雪岩的那个时代没有广告，但是他的种种善行却充分起到了“广而告之”的作用。凭借在杭州积累的巨大声望，胡庆余堂还没正式开张，就获得了巨大的人气和广阔的市场。曾经受惠于胡雪岩的曾国藩、左宗棠对胡庆余堂的创办提供了各种各样的支持，杭州城里的百姓自然也乐得照顾“大善人”的生意。

付出了就总会有回报，为了报答胡雪岩在收复杭州城过程中筹粮、筹饷，以及兴办洋务，捐粮、捐钱等功劳，左宗棠决定给这位老下属、老朋友弄件黄马褂穿穿。受惠于近年的清宫戏，多数人对黄马褂恐怕并不陌生。按照清朝皇室的规定：

> 凡领侍卫内大臣，御前大臣、侍卫、乾清门侍卫、外班侍卫、班领、护军统领、前引十大臣，皆服黄马褂。

除了这些皇帝身边近人按规定身穿黄马褂以外，某些人因为特定的功劳，也可以被赏穿黄马褂。赏穿黄马褂是一种特别的荣耀，一般人轻易得不到。事实上，就连左宗棠自己，也是1864年因为从太平军手里收复杭州，才刚刚穿上这件衣服的。

得了好处的左宗棠没有忘记鞍前马后的胡雪岩，黄马褂还没穿热乎的他迅即给皇帝上了名为《道员胡光墉（即胡雪岩）请破格奖叙》的奏折。奏折当中除了记述胡雪岩办理上海采运局务、购枪借款、转运输将、力助西征等数十项的劳绩以外，还长篇累牍地渲染了他对陕西、甘肃、直隶、山西、山东、河南等省灾民的捐款、捐物情况。左宗棠在奏折里是这样评价胡雪岩的：

> 历年捐解陕甘各军应验膏丹丸散及道地药材，凡西北备觅不出者，无不应时而至，总计亦成巨款。其好义之诚，用情之挚如此。臣不敢稍加矜诩，自蹈欺诬之咎。

这样一来，胡雪岩既有军功，又有善举，再加上红得发紫的左宗棠极力保举，自然上人见喜，不但被皇帝赏赐了黄马褂，还得到了可以在紫禁城骑马的殊荣。胡雪岩算是彻底翻身，摆脱了商人的卑微地位，甚至可以和巡抚大人平起平坐，随之而来的好处自不待言。今天的我们无法准确判断，当年胡雪岩的种种善行义举，究竟是一种纯粹的慷慨仗义，还是精明而有战略眼光的市场造势行为，抑或二者兼而有之。正如前面所说，即便胡雪岩的所作所为是带有目的性的，但他仍然在这个过程中照顾到了最普遍人群的利益，同时也保证了自己利益，从而实现了个人与社会的良性互动。今天的社会，类似这样的善行其实不是太多，而是太少了。胡雪岩当年的种种做法，对今天那些渴望获得社会认可和影响力的商场人士而言，同样具有借鉴意义。

找准市场

笔者问曰：对创业者而言，什么最重要？

胡雪岩答曰：男怕入错行，女怕嫁错郎。

好的开始是成功的一半，对于商场上的人来讲，做生意的开始，就是市场的定位，以及由此而来的整个经营策划。正所谓：男怕入错行，女怕嫁错郎。明确的市场定位可以让人准确把握前进的方向，获得前进的动力，对事业的发展起到事半功倍的效果。反之，市场定位方面的失误，作为一种战略的失误，可能引发随后的一系列连锁反应，带来无法挽回的损失。因此，很多的公司、企业，甚至路边的小摊贩，都会将市场定位和策划当作重头戏。

无论是企业，还是个人，准确而明智的定位都是必不可少的。仅就个人来说，一个人，如果在他初涉世事的时候就找到了自己的定位，拥有了自己的目标，并且此后一生都在朝着这个目标努力，那么这个人无疑是幸运的。因为他始终都清楚自己想要的是什么，而且能够为此竭尽全力，不会走弯路。相反，一个人如果没有自己的定位，总是随心所欲，边想边干，东一榔头，西一棒子，不断地尝试，不断地推倒重来。那么他的一生可能非常忙碌而且劳累，却不会走得太远，甚至始终留在原地。

考察胡雪岩的发家历程，这个人之所以由白手起家，几年间便从穷小子混成大富豪，成为彪炳史册的“红顶商人”，最主要的原因，就在于他在起步阶段就懂得规划自己的人生，筹划自己的市场，明确自己的目标。总而言之，无论在事业方面，还是生活方面，胡雪岩都是个非常有方向感的人。了解胡雪岩历史的人具有这样的共同共识：胡雪岩是个观察、分析和思考能力都非常强的人。当初，几乎一穷二白的胡雪岩之所以愿意做钱庄生意，就是因为看到了这个行业隐藏的巨大利益和发展前景，看到了他自身拥有的种种优势和资源，当然也看到了其中包含的高风险。经过仔细权衡，决心经商的胡雪岩确立了自己的定位，沿着自己认定的路一直走了下去，从而开启了自己具有传奇色彩的一生。话说回来，世事无常，一个人即便像胡雪岩那样拥有高超的观察、分析和思考能力，能够对形势做出一定的判断和预期，也无法保证在随后的过程中不出现变数。天底下不存在百分之百有把握的事情，对于市场的定位也是如此。很多时候，当事人可能只有六七成的把握，剩下的只能依靠直觉和运气。然而，这并不意味着我们可以凭借一时冲动，盲目地去做某些事情。就算是凭直觉、靠运气，也是要在一定把握的基础之上进行的。

想当初，胡雪岩之所以能够体现出过人的胆略，敢于在一穷二白的情况下把阜康钱庄的牌子挂起来，首先是因为他的“铁哥们”王有龄；其次是因为此时的胡雪岩经过几年学徒生活，已经掌握了钱庄行业的基本运作流程，在业内积累了一定的人脉关系；最后，山西、安徽那些经营多年的大钱庄作为业内的经典范例，本身也可以供胡雪岩借鉴。另外，晚清时代的中国虽然积贫积弱，但是整个沿海地区的市场经济活跃程度却已经超过了号称“康乾盛世”的保守时期。就当时的形势来说，中国商人、外国商人，乃至官场中各种明里暗里的操作，都需要大量的资金流动，这就为钱庄行业带来了良好的发展前景。当然，以上这些因素并不能够保证胡雪岩获得百分之百成功，但是它们又足以成为胡雪岩进行市场定位和策划的基础，让他获得了迈出第一步的勇气和信心。

同样的道理，胡雪岩后来之所以敢于涉足生丝贸易，这个自己并不熟悉的行业，也属于认真分析形势以后做出的准确市场定位。首先，丝绸和茶叶从汉代开始，就始终是中国重要的出口创汇项目，直到今天也是如此。在这个领域，只要不出现大的问题，几乎就是稳赚不赔的。更何况，还有王有龄的支持。

湖州是那个时代中国最重要的桑蚕养殖和生产基地，胡雪岩做生丝买卖，可谓近水楼台。其次，湖州作为鱼米之乡、富庶之地，每年都要向朝廷上缴巨额赋税。王有龄大权在握，自然要照顾老朋友的生意，因此湖州所有的公款流动都是通过阜康钱庄完成的，胡雪岩正好可以借鸡生蛋。每次去湖州押运现银，胡雪岩都要用这笔公款在当地购买生丝，运到杭州以后再加价把生丝卖出去。原款上缴省里的藩库，中间的差额归了胡雪岩。就这样，没过几年，胡雪岩就垄断控制了上海当地针对洋商的生丝贸易，成了这个行业名副其实的“大哥大”。

综观胡雪岩的一生，他的成功背后确实存在着很多内外因素，其中甚至不乏运气和赌博的成分在内，然而最初准确、明智的市场定位仍然是他成功的最基本前提。正是在这个前提的统帅之下，胡雪岩的才智、勇气、计谋，甚至运气最终才形成了一股合力，帮助他走向了人生的辉煌顶峰。

质量就是最好的宣传

笔者问曰：市场竞争，最关键的是什么？

胡雪岩答曰：与人争胜，物真价实是关键。

21 世纪的今天，为了获得一定的社会影响力，企业、商家往往可以通过各种各样的手段造势宣传。话虽如此，对任何商家、企业而言，要想打造一块金字招牌，最终依靠的仍然是产品和服务的质量。广告、炒作这类的表面文章虽然可以暂时吸引消费者的眼球，营造红红火火的大好形势，但是，所有这一切如果没有“货真价实”四个字作为支撑，就只能是镜花水月，支持不了多久。生活中经常可以看到这样的现象，某些老字号企业几乎从来不跟报纸、电视打交道，却总是客源不断。更有甚者，有些路边的小摊子、小门脸虽然压根儿做不起广告，却可以依靠众人口口相传，经常出现排队等待、供不应求的局面。中国买卖人有句老话：人叫人，千声不应；货叫人，一声就灵。这其实是亘古不变的真理。

置身于这个信息技术发达的时代，一夜成名并不是什么特别困难的事情。就商家、企业而言，只要愿意花钱，就可以破天荒地对消费者发动“广告轰炸”，短时间内闹得妇孺皆知。在现实生活中，类似这样的例子其实并不鲜见。不过，所有这一切都只是产品、服务的“外包装”而已，无论何时何地，消费者真正关心的最终仍然是处于核心地位的质量。当年的胡雪岩虽然不知道广告为何物，却深刻地意识到质量就是自己的生命线。

众所周知，胡雪岩是靠开钱庄起家的，但他并不是中国第一个开钱庄的人。胡雪岩涉足这个行业的时候，山西商人经营的钱庄已经拥有好几百年的发展历史，足以傲视群雄。除此之外，仅就胡雪岩活动的东南沿海地区而言，各种当地商人经营的钱庄也可谓星罗棋布。由于上述原因，阜康钱庄成立伊始就面临着激烈的市场竞争。为了尽快打出自己的牌子，获得一定的社会影响力，胡雪岩的确采取了一些具有广告性质的手段，例如前面提到的给官商士绅的姨太太、小姐送存折，热衷公益事业等。问题在于，受限于当时的技术条件，胡雪岩所能采用的广告手段必然是有限且效率低下的，这些广告手段最终取得的结果也是无法人为掌控的。胡雪岩唯一能够掌控的，只有他自己和他的企业。在这种情况下，“讲信誉”“客户第一”之类的原则就成了阜康钱庄争夺客源，获取丰厚利润的最主要手段。后来兴办胡庆余堂的时候，胡雪岩又将这个成功经验移植了过去，力图通过打造一个“放心药店”，在济世救人的同时，为自己换取丰厚的回报。

稍微了解一些中国老字号药店历史的人都知道，这些药店在原料选材方面往往极其严苛。胡庆余堂地处浙江，由于气候适宜，自然环境优越，历史上始终就是药材生产的宝地。当地出产的浙贝、元胡、白术、白芍、麦冬、玄参、郁金和菊花号称“浙八味”，从宋代开始，就是皇宫御医的专用品。胡雪岩守着浙江这个药材产地，可谓占尽天时地利。有意思的是，当地众多药材商却经常不愿意接这位“财神爷”的生意，理由就是因为他这个买家太苛刻。胡雪岩对各种药品的质量标准从颜色、大小、重量、气味方面都有严格的规定。进货时，坚持只要最好的，其他稍微差一点儿的都不要，用老百姓的话来说就是只“掐尖儿”，而且还“事儿妈”。

胡庆余堂的座右铭“采办务真，修制务精”，既是胡雪岩诚信精神的具体体现，也是他通过“打质量牌”，创立品牌，打造声势的重要手段。众所周知，中药药材的来源主要是各种天然动植物和矿物。这些药材品种极其繁多，分布广，属性杂。相比西药，中药往往更加具有“团队精神”，通常需要若干味药共同出力，才可能发挥药效，如果其中一味药出了问题，整体的效果就可能大打折扣。有鉴于此，胡雪岩基本从不通过中间商采办原药材，而是通过自己的钱庄、当铺构成的金融网络，直接从中药产地采购药材，还派遣专业人员到全国各地的药材产区坐镇，监督药材的生产和收购。

中药药材的选材范围博大精深，甚至随便一片草地上的杂草都可以当作药材使用，但是与此同时，每种特定的药材在中医药行业又往往有一个约定俗成的最佳产地。为了买到最好的药材，胡雪岩专门派人去河北辛集、山东淮县等处收购质量上乘的驴皮；去淮河流域采办怀山药、生地、牛膝、金银花；去地处大西北的陕西、甘肃等省采办当归、党参和黄芪；去四川、贵州、云南等省采办藿香、贝母、川莲；去湖北汉阳采办龟板；去苦寒的关外采办人参、虎骨和鹿茸；直接从国外订购豆蔻、西洋参、犀角和木香等。即便是对那些唾手可得的普通廉价药材，胡雪岩同样一丝不苟。浙江本身是种橘子的大省，当地陈皮产量很高，价格也便宜，但是胡雪岩却嫌浙江陈皮药性不足，疗效不佳，偏偏要让人千里迢迢到广东采购，而且还指名要两年以上的老陈皮。就连配制“愈风酒”所用的冰糖，也要专门到福建购买，其中的烧酒则规定必须使用绍兴的“二年陈”。

胡庆余堂独家生产的胡氏辟瘟丹具有除秽气、解头晕胸闷、止腹泻腹痛的奇特疗效。左宗棠西征大军出现了水土不服、疫情蔓延的情况，最终就是靠胡氏辟瘟丹度过了危机。胡氏辟瘟丹总共需要 74 味药材，每味药的选料都精而又精。其中有一味药材名叫“石龙子”，也就是俗称的“四脚蛇”。由于环境破坏，这种小型蜥蜴现在在野外已经不多见了，但在清代却到处都是。从理论上说，胡雪岩甚至不用出家门，就可以抓到这种小动物。尽管如此，胡氏辟瘟丹中使用的“石龙子”却指定必须是出没于杭州灵隐、天竹、韬光一带的金背白肚、背上纵贯一条黄线的“铜石龙子”。为了捕捉这种小动物，每年夏天，胡庆余堂都要大张旗鼓地组织伙计上山捕捉。久而久之，这居然也成了杭州城的一道景观，胡庆余堂也等于在采药之余，结结实实地做了回广告。

胡庆余堂为杭州城增添的景点其实还不只这一处。为了保证原料质量，胡雪岩在杭州涌金门外的胶厂内专门辟设了鹿园，人工喂养来自关外的梅花鹿，这些鹿由此成了西子湖畔的又一景儿。胡庆余堂生产的“大补全鹿丸”需使用鹿身上的三十多个部位，而且必须要用雄鹿。每次宰鹿，胡雪岩都要挑选黄道吉日，让伙计们抬着披红挂绿的鹿，敲锣打鼓在杭州城转上一圈儿，仪式排场非常隆重。这之后，还要把鹿抬回鹿园，当众宰杀，当众制药，意在展示自己货真价实。

平心而论，很多中药药材即便质量、品相上稍差一些，也未必会影响对患者的疗效。《汪穰卿笔记》这样记载了晚清时代上海某些药房偷工减料的情况：“上海各药房之药，自燕窝、糖精以狡术获利，于是牛髓粉、牛骨粉、亚支粉及各种戒烟药水相继而起。此等伎俩及其物之价值，上海人人皆知之，内地人不知也。”这段记载说明晚清时代中医药业欺诈行为其实是一种普遍现象。问题在于，由于专业知识的限制，普通消费者几乎不可能在这方面主动采取各种行动，规避商家的欺诈行为。就医药行业来说，货真价实往往只能依靠从业者的道德自律。有鉴于此，胡雪岩在胡庆余堂挂起了这样一副对联："修合虽无人见，诚心自有天知。"这既是对顾客的承诺，也是对自己的警示和告诫。

有一次，胡庆余堂平时卖得非常好的"虎骨追风膏"突然断货了，胡雪岩手下主管药号的余修初找到专管药材采购的邹文昌询问原因。邹文昌解释说："'虎骨追风膏'的主要原料是虎骨，现在虎骨收购非常困难，不如改用豹骨，反正也没有什么区别，不会造成什么影响。"

余修初听了大吃一惊，立刻表示反对："这怎么行呢？这不是自己砸自己的招牌吗？"

邹文昌觉得无所谓，继续游说："现在正是'虎骨追风膏'销售的旺季，很多顾客都等着在买，如果我们在这个时候断货，要损失多少银子！现在用豹骨代替虎骨也只是权宜之计，等到虎骨到货之后，立刻换回来，谁也不会知道。"

余修初想想，觉得也是那么回事，就犹豫了起来。邹文昌看到余修初产生了动摇，就趁热打铁说："其实，豹骨和虎骨的药效是差不多的，一般人是肯定看不出来的。所以这件事情只有你知我知，绝不会有其他人知道。"

余修初毕竟受胡雪岩影响多年，最终也没敢明确表态，但是采取了默许的态度。于是，邹文昌就开始大肆生产质量掺假的"虎骨追风膏"。胡雪岩知道这件事情后，赶紧让人把已经销售出去的假药尽快收回，赔偿顾客的全部损失。为了以儆效尤，胡雪岩将胡庆余堂的所有员工叫到了一起，当着大家的面儿说:“胡庆余堂成立的时候，我就说过，我们从事的是药材生意，是和人的性命打交道的，不小心就会闹出人命。虎骨追风膏是咱们药堂的招牌，现在生产这种假药，不是自己砸自己的招牌吗！”

这之后，胡雪岩将追随自己多年的邹文昌辞退，余修初因为负有领导责任，也受到了惩罚。正是在这件事情发生以后，胡雪岩才在胡庆余堂的店堂里挂上了写有“戒欺”二字的牌匾。

胡雪岩之所以愿意在质量问题上不遗余力，甚至吹毛求疵，除了对消费者负责的目的以外，其实也不乏宣传造势的动机，只不过，这种宣传造势是以过得硬的质量作为基础的，不管动机如何，最后受益的都是消费者。正如前面所说，消费者最关心的永远是质量。某些别有用心的企业、商家可以通过大张旗鼓的宣传造势暂时把消费者忽悠住，让他们吃亏上当，却无法确保自己长期的利益和发展不会因此受到影响。事实上，无论胡雪岩生活的晚清时代，还是我们身处的21世纪，只有质量才是最好的宣传。很多时候，维护顾客的利益，其实也就是维护商家自己的利益。

不要让服务拖质量的后腿

笔者问曰：货好还愁卖吗？

胡雪岩答曰：皇帝的女儿也愁嫁。

在日常生活中，大家可能都有这样的经验。我们在购买某些商品的时候，即便是在质量、价格完全相同的情况下，也往往更乐于照顾某些特定的卖家，同时对其他的卖家视而不见。有意思的是，之所以会出现这样的情况，可能仅仅是因为前者习惯性地会对到他这儿来买东西的人笑一笑而已。不要小看这简单的笑一笑。过去的老买卖人当中曾经流传过这么一副对联：冷语伤客六月寒，微笑迎宾数九暖。这副对联不是挂在店堂里的，而是专门挂在店堂后面的员工区，给掌柜和伙计自己看的。

中国老生意人的这副对联如果换成胡雪岩自己的话，基本等同于“顾客乃养命之源”。从某种意义上来说，顾客就是商家、企业的衣食父母，绝对值得后者精心对待。有些人可能认为，自己的货好，自然不愁生意，然而很多时候往往事与愿违。服务不好，就有可能拖质量的后腿。同样，如果服务跟上了，甚至可以弥补质量上的缺陷。要想搞好服务其实很容易，那就是要处处从细节着眼，能够想到顾客前面，做到顾客前面。令人遗憾的是，很多人却经常无视这个最简单的道理。有这么一个故事：19 世纪 20 年代，美国某位保险公司的业务员正无所事事地坐在办公室里，等待客户上门。这位业务员已经超过半个月没接到生意了，随时可能被老板炒鱿鱼。忧心忡忡的他眼巴巴地盯着门口，希望奇迹出现。就在这时，一位白发苍苍的老人走了进来。老人年纪看起来很大，走路颤颤巍巍，还不住地咳嗽。他身上的那件风衣虽然很整洁，却已经洗得褪了颜色，脚上的皮鞋也陈旧得没了光彩。从外表上看，这充其量只是个能够勉强维持温饱，但绝对没什么钱的普通人。情况正如保险业务员判断的那样，老人是个普通农民，种着一小片土地。他之所以找到这家保险公司，就是想替自己刚种下没多久的几亩玉米上个保险。听了老人的来意，业务员的情绪跌落到了谷底。他连站起来礼貌一下的意思都没有，直接就要求老人出去。面对无礼的对待，老人表现得很谦和，什么也没说，就走了出去，又进了隔壁另一家保险公司业务员的办公室。百无聊赖的业务员幸灾乐祸地坐在那里，等着老人再次被轰出来。没想到，过了大概半个小时的时间，隔壁办公室突然传出了惊呼声，这家公司的业务员刚刚接下了一个价值几千万美元的订单。原来，那位老人就是美国石油大王洛克菲勒。他之所以要乔装改扮，就是想先试探一下，看看哪家保险公司更有责任心，更懂得为顾客服务。洛克菲勒认为，如果某家保险公司连一个普通农民的几亩玉米都能认真对待，这样的公司肯定是没有问题的。

无独有偶，日本也流传着这样的故事。东京某家外贸公司和一家英国公司保持着业务往来，但是由于双方仍然处在合作的起步阶段，所以合作额度并不是很大。当时，这家英国公司驻日本的业务经理因为工作需要，经常乘坐往返东京和神户之间的火车，人生地不熟的他直接把订票的任务委托给了日本的合作伙伴。英国经理就这么在东京和神户之间来回奔波。久而久之，他发现了一个规律。每次自己从东京去神户的时候，座位总是在靠右的窗口位置。相反，当他返回东京的时候，座位却总在靠左边窗口的位置。英国经理大惑不解，打电话找自己的合作伙伴询问。对方的回答是："您乘车去神户的时候，富士山在您的右边，所以给您买了右边的座位；当您返回东京的时候，富士山在您的左边，所以给您买了左边的座位。据我们了解，外国人大都喜欢欣赏富士山的美丽景色，所以就特意安排。”英国经理听了这番话非常感动，觉得如此细心的公司，做起生意来，肯定也不会让人失望。正是在他的力促之下，那家英国公司大幅度提高了双方的合作额度。

当今社会，无论跨国公司，还是路边的小摊贩，都存在着一个不好的现象，那就是过分地把顾客当成自己赚钱的工具，很少设身处地替对方着想。平心而论，经商的目的就是为了赚钱，不管如何对待顾客，最后赚到的钱都是一样的。按照这个逻辑，似乎只要能把顾客口袋里的钱掏出来也就可以了。问题在于，赚钱同样有个“艺术”和“不艺术”的问题。用更通俗的话来说，有些人会做生意，有些人可能就不那么会做生意。正是由于这个原因的存在，才会出现本节开头儿提到的那种现象。在商品质量和价格相同的前提下，大家往往更倾向于照顾那些愿意尊重自己，愿意友善地对待自己，能替自己考虑的商家的生意。

众所周知，人是有感情的动物。每个人的内心深处都渴望着被社会认同。当自己被别人尊重，礼遇有加，当作上帝那样对待的时候，当事人不自觉地就会对对方产生亲近的感觉，自己心里也会觉得很舒服，这样一来，哪怕价格再高一些，双方也容易成交。有鉴于此，任何商家、企业的经营活动其实都不仅仅是生产、销售这么简单。否则的话，是个人就都可以去做买卖了。从某种意义上来说，顾客在消费过程中购买的不仅是产品，同时也在购买服务。顾客除了注重货真价实以外，还希望自己真的能够像上帝那样被人对待。忽视了这个问题，再好的东西也可能卖不出去，服务就会拖质量的后腿。事实证明，做生意不但智商要高，情商也要高。即便是“宰”顾客，艺术地“宰”和不艺术地“宰”，差别还是很大的。胡雪岩作为一个深通人情世故的传统商人，就深谙其中的玄机。

顾客乃养命之源，这是胡雪岩为胡庆余堂设立的座右铭。那个时候还没有“顾客就是上帝”的说法，不过胡雪岩同样要求店员把顾客当作衣食父母来尊敬。在这个原则的指导下，胡庆余堂除了严把质量关，努力做到货真价实，还力争通过优质服务来争取顾客。胡雪岩时代的胡庆余堂将“热情待客”作为店规，同时也作为考核员工效绩的主要标准。按照胡雪岩的规定，新学徒进店首先学习的不是识别和炮制药材，而是要掌握接待顾客的基本礼貌。胡雪岩对于员工的待客礼节做出了下列具体规定：顾客到店后虽未到柜，店员就要先站立主动招呼顾客，绝对不能背朝顾客；顾客上门，不能回绝，务使买卖成交；顾客配药，不能缺味，务使顾客满意而回。

现在的社会崇尚平等，商家、企业因此觉得自己没有必要过分“低三下四”地对待顾客。很多时候，顾客也并不指望自己真的像上帝那样，被人高高在上地供起来。相比之下，胡雪岩做得可能就要过火，他曾经反复向手下人强调“没有不是的顾客，只有不是的伙计”，只要顾客不高兴了，那肯定就是伙计的错。按照这个原则，为了让顾客满意，胡雪岩甚至不惜让自己的员工受委屈。

胡雪岩时代的胡庆余堂有个不近人情的规定，只要伙计和顾客发生冲突，或者顾客对伙计的服务表示不满，不论什么原因，伙计都要立刻收拾东西滚蛋，而且还要让顾客亲眼看着被“开除”的伙计灰溜溜地走出店门，以此达到消气的目的。这样一来，顾客自然觉得很有面子，气儿也就顺了，觉得自己的钱没白花。只不过，他们没看见的是，这个所谓被“开除”的伙计只是背着行李出去转了一圈儿，然后又从后门回到店里，继续工作了。很多人可能因此认为胡雪岩的这种行为存在着“逗你玩”的嫌疑，是在忽悠顾客。遗憾的是，很多商家、企业就是不具备这种“忽悠”顾客的能力或者意识。事实上，顾客也未必真的就有那么傻，不知道胡雪岩是在“忽悠”自己，但他们就是很享受这种被“忽悠”的感觉。从某种意义上来说，合理、适度的“忽悠”其实就是一种行销艺术。

除此之外，胡雪岩还规定，胡庆余堂的坐堂医生不得以任何理由拒绝出诊，哪怕是深更半夜，哪怕是刮风下雨。冬天是哮喘病高发的季节，但是治疗哮喘病还没有喷雾类的方便药物，最有效的治疗方法是提取新鲜竹沥，然后让患者尽快服用。哮喘这个病发作起来不分时间，而且夜里发病通常还高于白天，因此经常有哮喘病人深更半夜到药店求医问药。很多药店从方便的角度出发，都是事先把竹沥做好，病人上门就可以直接服用，但是这样的药效赶不上现做现喝。于是，胡雪岩要求不管什么时间，只要病人上门，药工都必须现制新鲜竹沥。

为了进一步体现“顾客乃养命之源”的宗旨，胡庆余堂设置了专门的休息场所，供行人休息，而且夏天舍凉茶，冬天舍姜汤。有些人可能觉得胡雪岩是在“犯傻”，自己给自己找麻烦。事实上，胡雪岩精明得很。无论过去还是现在，开店铺、做买卖最看重的就是人气。眼下，一些网上商城上的商家为了提高人气儿，甚至不惜花钱雇人刷单。胡雪岩的时代还没有一些网上商城，但是那么多人聚集在胡庆余堂，不管这些人买不买东西，他们本身其实就成了胡雪岩的“活广告”。这比起现在某些商家动辄拒绝路人借用卫生间之类的小气行经可要高明多了。

“面子”问题很重要

笔者问曰：如何搞好门面？

胡雪岩答曰：宜址，精修，巧陈。

俗话说得好，做好生意三件宝，人员、门面、信誉好。从某种意义上来说，我们置身其中的这个世界始终是个“看脸”的世界。具体到商业领域而言，商家的服务、货品的质量这些属于内涵类的因素固然很重要，但是门面、包装之类的外在因素同业也不容小看。中国古代商圣陶朱公有云：“面，乃商之外形也。”华而不实虽然不可取，可是如果过分忽视某些外在因素，再好的商品和服务也可能无人问津。孔子有云：“文尤质也，质尤文也。”高明如胡雪岩之类的商家，必然是个善于在内涵与外在之间寻求“中庸”的高手。对于门面的选择和设计方面，胡雪岩为后人留下了三大绝招，即宜址、精修和巧陈。

所谓“宜址”，指的是店面的位置选择要合适。1874年，胡雪岩之所以要选择杭州吴山脚下的大井巷建屋造店，创办胡庆余堂，其实是包含了精心的设计的。杭州城从唐宋以来就佛寺遍布，素有“东南佛国”之称。每年从春暖花开到立夏为止差不多一个月左右的时间里，杭州、嘉兴、湖州，以及苏南地区的善男信女都要成群结队地涌入杭州城，到各个寺院烧香拜佛、许愿还愿。这无疑为商家提供了巨大的商机。范祖述《杭俗遗风》中就有这样的记载：“城中三百六十行生意，一年中敌不过春市一市之多。大街小巷，挨肩擦背，皆香客也……各色生意，诚有不可意计者矣。”

除此之外，吴山的位置在西湖南面，包括紫阳、云居、七宝、峨嵋等十多个小山头，西连凤凰山、将台山和玉皇山。根据民间传说，这里曾经是春秋时代吴国南方的边界，“吴山”之名就是因此而来的。吴山历史悠久，文化积淀丰厚，保留了不少古迹，比如春秋时期的伍子胥庙，晋朝的郭璞井，宋代的东岳庙，以及明朝的城隍庙等。除此之外，吴山还拥有因石灰岩长期溶蚀作用形成的天然“十二生肖石”，山顶坐落着高 8 米、双层重檐的江湖汇观楼。登上此楼，就可以北望西湖，南眺钱江。清朝雍正年间，吴山大观被列为“西湖十八景”之一，拥有包括金地笙歌、瑶台万玉、紫阳秋月、三茅观潮、鹿过曲水、鹤青月照、梧岗飞瀑、枫岭红叶、云居听松等“吴山十景”在内的多个景点。由于上述原因，吴山一年四季观光客不断，是个天然人气爆棚的地方。吴山脚下的大井巷则是游人登吴山的必经之处。

正是由于上述原因，胡雪岩才决定在杭州吴山脚下购地 8 亩，创办胡庆余堂。如此有眼光的选址保证了杭州城的这家药店至今生意不断。

胡雪岩所说的“精修”，指的是店堂装潢要精致，别具一格。最早的胡庆余堂是个东西对称的三进院落（现在只剩两进），头进是营业店堂，二进是制药工场，三进是员工生活区。这种前店后厂、产销结合的布局有利于灵活、及时地适应顾客需要，也是多数老字号药店通行的模式。胡庆余堂地处江南，买卖双方也都以江南人为主，因此药店建筑的整体特征明显体现出了江南园林大红漆柱、镏金描彩、雕梁刻栋的精致典雅共性。除此之外，为了突出药店门面的辨识度，胡庆余堂的房檐特意设计了一组非常罕见的花灯状垂莲柱，以便明显区别于周围的其他店铺。药店正门位于大井巷内青石库门，坐西朝东，青砖门楼上镶嵌着“庆余堂”三个金光闪闪的大字，离得老远就可以看见。这还不够，为了让自己的药店更加醒目，胡雪岩还特意请人又在靠河坊街的药店外墙上写了“胡庆余堂国药号”七个特大的汉字。坐船走在钱江江面上，也能看见这七个大字。

所谓“巧陈”，指的则是店堂的内部陈设要巧妙适宜。正如前面所说，胡庆余堂整体具有江南园林的明显特征。药店门庭后面紧挨着的是一条曲折的长廊。长廊以八角石门洞作为开端，门洞上有青砖雕出的“高人云”三字，左侧的墙上有砖雕的“白娘娘盗仙草”图案，凸显着药店的经营性质。不仅如此，精明的胡雪岩还将这条长廊布置成了胡庆余堂的广告橱窗。整条长廊的石壁上总共挂了 36 块用银杏木精制的，黑底金字的药名牌，开列了胡庆余堂的拿手药，比如六神丸、胡氏辟瘟丹、安宫牛黄丸、十全大补丸、大补全鹿丸、小儿回春丸等。每块牌子还用小字精心说明了各种药物的主治功能，既传播了中医药知识，又起到了广而告之的作用。长廊末端设置了一座四角亭，亭子雕梁画栋，图案也都是神农尝百草、白猿献寿之类和医药有关的内容。这座亭子就是胡雪岩免费提供给顾客、行人歇脚的地方。

过了长廊，就是药店营业大厅的门楼。门楼两边挂着题为“野山高丽东西洋参，暹逻（泰国旧名）官燕毛角鹿茸”的对联，上端横卧着一块“药局”大匾。胡雪岩之所以要在药店营业厅的门口强调“药局”两个字，是因为过去的医药行业约定俗成地分为药店和药局两个类别，药局的规模和业务更大。现在的人买东西讲究去大商场、大超市，过去的人同样如此。胡雪岩之所以要突出“药局”这两个字，除了壮自己的门面之外，也是为了迎合这种消费心理。

这座门楼后面就是胡庆余堂坐北朝南、金碧辉煌的营业大厅。大厅雕栏玉栋、宫灯高悬，顶棚采用的是透光明瓦，给人一种亮堂、气派的感觉。大厅东西南三面分立着高大的红木柜台，左侧是配方药和参茸柜，右侧是成药柜台。柜台后面的“百眼橱”陈设着各种色泽不同的瓷瓶和锡罐，让人觉得神秘又权威。店堂南面正中的是名为“和合”的主柜台，柜台两侧挂着两副对联，外面副题为“庆云在霄甘露被野，余粮访禹本草师农”，横批是“真不二价”；里面一副题为“益寿延年长生集庆，兼吸并蓄待用有余”，中间上方挂“庆余堂”横匾。有意思的是，“庆余堂”三个字居然是出自南宋大奸臣秦桧的原版。想当初秦桧的府邸刚刚落成的时候，这位擅长书法的奸相曾经亲笔为自己的书房题写了“余庆堂”的牌匾，胡雪岩把流传下来的这三个字调整位置，就成了“庆余堂”。

招牌字号要响亮

笔者问曰：怎样才算是一个好的招牌字号？

胡雪岩答曰：第一，要响亮，容易上口；第二，字眼要与众不同，省得跟别人搅不清楚。

对任何企业、店铺而言，招牌字号都是最重要的头等大事。从比较迷信的角度来说，好的招牌字号可以表达对于未来发展的良好愿望，带来好的运气；从务实的角度来说，响亮的招牌字号可以帮助企业、店铺迅速提高知名度，带来巨大的社会影响力和滚滚财源。有鉴于此，任何企业、店铺开业之前，都要在这个问题上动番脑筋。

就像人的名字一样，招牌字号是人们认识相应的企业或店铺的第一步。日常生活中大家都有这样的经验，很多时候，甚至无须见面，就可以通过名字对相应的当事人形成某些基本的判断。例如，这个人是男是女，一般都是可以通过名字判断出来的。人的名字如此，企业、铺户的招牌字号同样如此。通常来说，一个招牌字号可以反映出当事人的兴趣志向、教育背景、价值认同等诸多因素。招牌字号是大家认识某个企业、铺户的第一步，响亮的招牌字号能够在第一时间吸引大家的注意，帮助相应的企业、铺户树立形象。现代社会，一个好的招牌字号本身甚至就具有巨大的潜在价值，人们在这方面为了维护自身利益对簿公堂的案例可谓举不胜举。胡雪岩生活的时代还没有品牌意识，更没有商标法，但是包括胡雪岩在内的传统商人对于自己招牌字号的维护同样是不遗余力的。当初替自己的钱庄起名字的时候，胡雪岩就曾经费了不少力气。

胡雪岩这个人虽然精明无比，具有过人的商业天赋，但就文化水品来说，其实算不上高。由于自小家境贫寒，胡雪岩并没读过多少书。到钱庄当学徒以后，虽然出于职业的原因，每天都得动动笔墨，但也就是认识一些常用的字而已。这样的文化水平记个账、写个文书之类已经足够了，可是要想给自己的买卖起字号，那还差得远呢。稍稍了解一些中国传统文化的人都知道，中国传统商铺的牌匾字号通常以三个字的居多，最多不会超过四个字，但其中却都大含深意，不是随便什么人都能驾驭得了的。幸好，胡雪岩这时候有个身为读书人的好朋友王有龄。王有龄这个人文墨虽然是通的，可是给买卖起字号也是大姑娘上轿头一回，根本没什么经验。跟王有龄的情况正好相反，胡雪岩虽然没什么文化，但在商业方面毕竟具有过人的天赋，而且也已经积累了一定的感性认识。对于自己的买卖应该起个什么样的字号，他其实心知肚明，可就是茶壶煮饺子——肚子里有货，倒不出来。两个朋友一个有理论没经验，一个有经验没理论，于是就只好精诚合作。对于自己的招牌字号，胡雪岩向王有龄提出了明确的要求：第一，要响亮，容易上口；第二，字眼要与众不同，省得跟别人搅不清楚。此外，字号的内容还得跟钱庄有关，要吉利。”

不要小看“没文化”的胡雪岩提出来的这前两条原则。事实上，这两条原则是古今中外企业、店铺起名字所共同遵守的基本准则。所谓“要响亮，容易上口”，目的是为了招牌挂出去以后很容易就可以让人记住。如果招牌字号起得太拗口，或者使用太古怪的生僻字，那么它的宣传、广告作用也就消失了。这就好像用别人听不懂的话骂人，实际就等于没骂一样。为了达到广而告之、过目不忘的效果，胡雪岩要求自己的招牌字号必须简洁明了、通俗易懂，读起来要响亮畅达、朗朗上口。至于招牌字号的字眼“要与众不同，省得跟别人搅不清楚”的要求，目的更加不言而喻。就像人的名字一样，招牌字号的最根本目的之一就是为了进行区分。如果在这方面和别人纠缠查不清，很可能会给自己招来各种各样的问题。现而今的很多“山寨”产品，往往在名字上向一些知名品牌靠拢，搞些文字游戏，其实就是对这条规则的反向使用。至于招牌要吉利，和钱庄有关，那就更不用多说了。

按照胡雪岩提出的原则，王有龄最终从“世平道治，民物阜康”这句话中选中了“阜康”两个字。胡雪岩觉得非常满意，一个商业帝国的传奇就此开始。

以情动人　以利驱人

做大生意光靠一个人是撑不住的，要有大批的人，这就须要在做生意的过程中培育人才。

——胡雪岩

任何时代、任何社会中商业的竞争归根到底都是人才的竞争。作为成功的商人，不但要善于发现人才，还要善于驱使人才为自己所用。

敬重人才，善用人才

笔者问曰：如何让人才为我所用？

胡雪岩答曰：敬重现有人才，才能让其他人才自投自己门下。

中国历史上有这么个故事。春秋时代，五霸争雄，为了在竞争中取得优势，各国用尽浑身解数吸引人才。当时的燕国，也就是现在以北京为中心的华北东北部地区还没有如今的繁华，属于众人眼中的偏远、苦寒之地，因此也就很少有人才愿意主动到那里为燕王服务。眼看自己有可能在这场人才争夺战中败北，燕昭王心急如焚，发动手下的臣子出主意、想办法。老臣郭隗献计。这个计策的大致意思是说，种起梧桐树，自有凤凰来。燕王要想招来天下人才，就必须提供现实的例子，让人才看到来燕国的好处。看到了好处，这些人自然也就蜂拥而至了。燕王接受了郭隗的建议，筑起名为“碣石”的宫殿，就让老臣郭隗住在里面，享受种种待遇。天下人才发现来燕国有利可图，于是趋之若鹜。

无独有偶，西方也流传着这么一个故事。话说有一天，各种各样的鸡聚在一起开会。大家觉得人类不但抢走它们的蛋，还要把它们杀了吃肉，这非常不公平。气愤之余，母鸡们决定集体罢工，再也不下蛋了。一时之间，鸡蛋成了稀罕物，价格疯涨。再后来，就是有钱也买不到鸡蛋了。只不过，这个局面并没维持多长时间。不久以后，鸡蛋重新大量出现在市面上，又变成了普通的食物。之所以出现这样的情况，是因为有个人找到了解决的办法。他故意挑选了一只母鸡，提供各种各样的优待，劝说它下蛋。久而久之，养尊处优的母鸡觉得心里平衡了，就开始下蛋了。其他母鸡眼看下蛋能够得到如此的实惠，还没受到优待，就主动下了蛋。

胡雪岩不一定听说过这两个故事，却深通其中的道理。在创业的起步阶段，胡雪岩同样面临着人才短缺的难题，这在某种程度上甚至影响了他的生意发展。为了摆脱这个制约自己的

“瓶颈”，胡雪岩开始想尽办法，招揽人才。胡雪岩当时须解决的问题跟燕昭王非常相似，那就是如何才能吸引人才主动投到自己门下。

为了解决心中的疑惑，胡雪岩专程向好友稽鹤龄请教。前面已经提到，胡雪岩虽然由于自幼家境贫寒，读书不多，但却非常敬重读书人，也结识了不少身为读书人的朋友，稽鹤龄就是其中之一。这个人学富五车，很有一些见识，只可惜运气不好，屡试不第。好在晚清时代可以直接买官，稽鹤龄就东拼西凑，买了个候补知县的头衔。官虽然买到了手，可是这个人又没有王有龄那种天生能够在官场左右逢源的能力，而且又有点恃才傲物，所以从来也没得到过督抚的赏识，自然也就从没放过实缺。胡雪岩是在协助王有龄平定新城县饥民暴乱的危机时结识稽鹤龄的，两人很快就成了朋友。

面对胡雪岩提出的疑问，博古通今的稽鹤龄仿效当年燕国老臣郭隗的思路，对胡雪岩说出了这样的话：“有钱没有用，要有人。自己不懂不要紧，只要尊重懂的人。用的人没有本事不妨，只要肯用人的名声传出去，自会有本事好的人投到门下来。”这之后，稽鹤龄又具体提出了三点建议。首先，要在内心明确人才对于自己的重要作用。其次，自己不会做生意不要紧，要懂得敬重人。只要那些懂行的人诚心诚意帮助自己，即便自己本身狗屁不通，照样也能做出大生意。最后，不怕眼下使用的人没有真本事，关键是要能博得一个肯用人的名声，有了这个名声，就不愁揽不到有真本事的人。

胡雪岩对稽鹤龄提出建议心领神会，心里立刻就有了自己的打算:“弄个舒舒服服的大地方，养班吃闲饭的人。如此去做，不就把肯用人的名声扬出去了吗？”粗通文墨的胡雪岩可能根本不知道燕昭王是何方神圣，然而他的想法却和当年的燕昭王如出一辙，甚至还更进一步。胡雪岩认为，只要是自己手下的人，就都要尊重，都要给予良好的待遇。在他看来，这帮闲人也不会白养，除了为自己扬名之外，他们毕竟还可以帮自己做事。用胡雪岩自己的话来说就是:“三年不做事不要紧，做一件事就值得养他三年。”

事实上，当时胡雪岩手里已经有了个勉强算作“人才”的人，只不过他还不知道应该如何对待和使用这位“人才”，才能达到最理想的效果。这位“人才”就是他的“叔丈人”，芙蓉姑娘的叔叔刘不才。稽鹤龄的一番话让胡雪岩找到了感觉，他决定就从刘不才入手。

刘不才这个人可谓人如其名，本身家里就是开药店的，可又经营管理能力有限，把几代人苦心经营的买卖弄得倒闭破产。有了这个前车之鉴，胡雪岩虽然打算仰仗刘不才手里的几张秘方自己开药店，却也不敢把买卖交到这个败家子手里，让他独当一面。更何况，刘不才这个人还有贪污受贿、吃里爬外的毛病。话虽如此，刘不才仍然有他的“闪光点”，那就是精通吃喝玩乐，天生自来熟，跟什么人都合得来。用现在的话来说，刘不才这个人具有难得的公关才能，天生就是搞交际、拉关系的材料。本着“人尽其用”的原则，胡雪岩最终给这位“叔丈人”安排了个相当于现在公关经理之类的职务，让他专门去应酬那些达官贵人。这样一来，刘不才果然如鱼得水，替胡雪岩拉到了不少生意。大家眼看刘不才这种货色都能在胡雪岩那里得到重用，既觉得眼馋，也觉得心里不服气，于是纷纷上门毛遂自荐，胡雪岩在人才方面的选择范围也就变得宽阔了起来，开始正式将稽鹤龄的三点建议付诸实施。

从某种意义上来说，胡雪岩作为曾经的钱庄小伙计，也就是金融理财领域的人士，之所以能够涉足跟自己完全不搭界的医药行业，恰恰在于他能够秉持稽鹤龄的三点建议，懂得尊重内行，利用内行，从而做到了外行领导内行。

想当初胡庆余堂开业的时候，胡雪岩最急于寻找的不是药师、不是大夫，居然是位懂行的掌柜，即现在所说的经理。这位掌柜的任务当然不只是进货、卖货，外加算账那么简单，而是要从业内人士的角度，为胡雪岩的药店做出一个从开办到经营，从经营到结算的全盘规划。用现在的话来说，胡雪岩需要的是个有战略眼光的经理。经过亲朋好友的推荐，胡雪岩先后试用过四位老先生。单就本身的业务来说，这四个人都称得上精明能干，算盘珠子打得噼里啪啦响，每天的账目分毫不乱，但就是不合胡雪岩的意，因为他们缺乏锱铢必较、鸡毛蒜皮以外的那种宏观眼光。

有一天，有位姓余的余姚人找到胡雪岩，毛遂自荐应聘掌柜。按照自己的习惯，胡雪岩请这位余先生喝茶，然后就开始畅谈自己对药店未来发展的远大设想。没先到，听了胡雪岩的豪言壮语，余先生非但没有曲意逢迎，反而冷冰冰地说："你在三年内就想赚钱翻本，我办不到，你还是另请高明吧。"

听了余先生的话，胡雪岩觉得有几分意思，对方可能就是自己要找的人，于是连忙挽留。为了进一步试探，胡雪岩又故意问余先生："我听人说，千做万做，蚀本生意不做。做买卖嘛，能不为了赚钱吗？"

余先生喝了口茶，正色说："急于赚钱和正当赚钱是两码事，急于赚钱的，见钱眼开，只知道拼命地捞，不能长久；正当赚钱的，就要重视信誉，细水长流，取之不竭。你看，每家药店门口几乎都写有'道地药材'四个字，这难道是容易办到的吗？"说到这里，余先生又喝了口茶，然后滔滔不绝地讲出了一套生意经："驴皮非囤三年就不能熬成上好的膏，女贞子要经过五蒸五晒，红花要隔年采集于西藏，茯苓不来自云南的洱海苍山就不能算上等，麝香要裆门子，鹿茸必须要血尖……药是治病救命的，所以贵到犀角、羚羊，贱到通草、马勃，都必须精选精挑，不能含糊马虎。不在质量上胜过他家，又怎么能打响牌子？再说开药店总得图个百年大计。归根结底一句话，你要请我做账房，就要准备先蚀三年本，才能慢慢赢利。周瑜打黄盖，你情我愿！不然，就另请高明吧。"

细心的读者可以发现，胡雪岩后来经营胡庆余堂的那套原则，很多其实都可以从余先生的话里找到影子。胡雪岩听他的话，觉得句句在理，心悦诚服，认定这就是自己要找的能帮助自己做大生意的掌柜。欣喜之余的他冲着余先生深深一揖："今天我总算请到了一位目光远大、经营有方的好掌柜，余先生，今后一切全仰仗你啦。"

"胡庆余堂"这个名字取自《易经》中"积善之家，必有余庆"的字句。宋朝奸相秦桧的书房名叫"庆余堂"，胡雪岩喜欢这位奸臣的那手漂亮字，却厌恶他的为人，于是就把秦桧的亲笔手书颠倒了一下，做成了自己的牌匾。之所以又在前面加个“胡”字，主要是为了说明药店是胡雪岩开的。这其实只是关于胡庆余堂来历的一种说法。也有民间传说认为，胡雪岩当初之所以要选择“庆余堂”这个字号，主要是看中了其中包含的那个“余”字可以代表这位协助自己创业的余掌柜。如果这个说法的确属实，那么胡雪岩也真算是把稽鹤龄的三点建议贯彻到底了。

不拘一格选人才

笔者问曰：选择人才的标准是什么？

胡雪岩答曰：能够为我所用的人就是人才。

胡雪岩在为自己挑选手下的时候，无论对方是普通的小伙计，还是独当一面的掌柜的，都非常注意对于当事人的全面考察，强调要“看了人再用”。古今中外，用人方面要“看了人再用”是个被大家普遍接受的规则，算不上什么新鲜事情。真正值得注意的，其实是每个具体的个人在“看”别人时，所采用的标准和尺度。在这方面，胡雪岩主张不拘一格，根据不同需要，从不同角度、不同方面去“看”，从而为自己的事业招揽最合适，而不一定是最优秀的人才。关于这个问题，本章上节提到的刘不才就是个典型的案例。事实上，胡雪岩的一生当中，类似这样不拘一格用人的案例可谓举不胜举。

想当初，胡雪岩的阜康钱庄已经初步打开了局面，生意蒸蒸日上。由于业务、工作的需要，这个时期的胡雪岩经常乘船往返于杭州、上海之间。久而久之，他便结识了靠摆渡为生的老张一家。经过仔细观察，深入接触，胡雪岩发现老张虽然是摇船出身，不识几个字，却是个有骨气的人，为人处世热情实在。这还在其次，更为关键的是，老张还有个“贤内助”。这位中年妇人虽然貌不惊人，却天生有着生意人的精明，以及超过普通妇女的见识。通过旅途中的闲聊，胡雪岩发现她对蚕丝的生产、加工、销售等方面的情况了如指掌。这着实令胡雪岩大开眼界，萌发了涉足丝织行业的念头，决定在湖州开办丝行。由于当时的社会伦理道德，胡雪岩当然不可能直接雇佣老张的妻子出任丝行的掌柜。为了仰仗这位妇人的才能，他只好采取“曲线救国”的方式，拿出本钱，让老张出面当掌柜的，在湖州开办起了丝织买卖。老张是个老诚实在，但没有什么主见的人，事事都必须依靠老婆出主意。这样一来，胡雪岩也就等于间接雇用了老张的老婆替自己的办事。结果证明，胡雪岩的看人眼光果然独到。老张在老婆的幕后指挥下，将丝行经营得有声有色。到了后来，生丝买卖居然超过钱庄，成为胡雪岩的主要利润来源。

现代社会，职场竞争愈演愈烈，这在令很多人饱受求职、失业之苦的同时，也为用人者提供了更加广阔的选择空间。在这种“一边倒”的情况下，用人者变得越来越挑剔，对应聘者求全责备，甚至苛刻地要求对方必须完美无缺，这其实又等于主动限制了自己在用人方面的选择范围。在用人方面不能过分求全责备，要不拘一格。事实上，真正的完人是不存在的，每个人都有自己的优点，同时也会有自己的缺点。这就要求用人者不仅能看到对方的缺点，也要看到对方的优点，然后根据自己的需要，进行综合考量。正是由于秉持着这样的用人理念，胡雪岩才不拘一格地注意到了陈世龙这个小混混。

陈世龙外号“小和尚”，在追随胡雪岩之前，就是个整日混迹于赌场、街头，吃喝嫖赌无一不精的小混混。在很多人眼里，这样的人就是纯粹的“臭狗屎”，一文不值的。胡雪岩却独具慧眼，发现了陈世龙身上的一些可以为己所用的长处。

胡雪岩能够结识陈世龙其实是很偶然的事情。湖州先恒利丝行开业以后，虽然有老张夫妇在那里独当一面，但是胡雪岩作为东家，也经常要去那里视察视察，顺便打理钱庄的业务。有一次，胡雪岩视察完毕，打算去当地的某个酒楼会会郁四。胡雪岩自己人生地不熟，需要人带路，可丝行当时偏偏又抽不出人手。情急之下，老张临时把刚好路过的陈世龙招呼进来，随手给了几钱银子，让他充当向导的角色。于是，胡雪岩就跟“小和尚”有了一面之缘。就是这一面之缘，让胡雪岩觉得陈世龙身上有不少可取之处。总的来说，这个人虽然社会地位不高，但跟人交往的时候毫不胆怯，很有大家之气，对胡雪岩提出的问题也能够对答如流，恰当得体。胡雪岩由此认为，这是个跟刘不才一样难得的公关人才。

觥筹交错之间，已经对陈世龙上了心的胡雪岩随口向郁四打听他的情况。郁四这个人平时就讨厌“小和尚”，自然不会替他说好话。在郁四口中，陈世龙是个比猴还精，吃喝嫖赌无一不精的泼皮无赖。如此包含贬义的话，到了胡雪岩耳朵里，却被“翻译”成了：这人做事精明，脑筋灵活，交际面很广。郁四是个正派人，除了贬低“小和尚”，也着实说了几句公道话。在他看来，陈世龙唯一可取之处就在于这个人非常讲义气，只要跟定了谁，就会忠心耿耿，绝对不干吃里扒外的事情。听了这样的话，“小和尚”的形象在胡雪岩的眼里立刻高大了起来。他认为，单就后一点来说，这个人就比刘不才强得多，是个可用之人。

已经拿定主意将“小和尚”收入麾下的胡雪岩唯一担心的地方就是这个人过分好赌，有可能会管不住自己的手，最后变成内贼。这里须特别说明一下，在清朝，嫖和赌都属于合法的“娱乐”项目。从某种意义上来说，它们甚至是很多人必须具备的社交技能。由于这个原因，洁身自好的谦谦君子在那个时代的某些领域，比如商场，其实是吃不开的。胡雪岩能够将刘不才、陈世龙视为“人才”，恰恰就是看中了他们身上这种取决于特定社会时代背景的“公关技能”。问题在于，凡事都有个度的问题，陈世龙如果在这方面过分投入，他的这些“技能”就可能帮不上胡雪岩，反而还可能坏事。

所幸，陈世龙这人还有个优点，那就是特别讲义气，只要跟定了谁，就绝对听谁的话。有鉴于此，胡雪岩在正式将“小和尚”招入麾下之前，特意找他谈了一次话。要求陈世龙如果打算追随自己的话，就必控制好平时的那些“嗜好”，除了因公需要，私自不准出入赌场、妓院。陈世龙这个人虽然出身低贱，骨子里却同样渴望着改换门庭，光宗耀祖。他觉得胡雪岩既然给了自己这次机会，自己就不能对不起这位“大哥”，于是就满口应承了下来。为了试探陈世龙，两人临分手的时候，胡雪岩随手给了他 1 张 50 两的银票，算作安家费，而且还给了“小和尚”5 天自由时间，让他处理好个人私事，然后就来报到上班。事实上，胡雪岩此前早已打探明白，陈世龙属于那种“一个人吃饱了，全家不饿”的彻底无产者，压根儿就没有安家的需要。他之所以要给“小和尚”50 两银子，外加 5 天自由时间，就是想要试探一下对方。通常来说，那种嫖赌成瘾的人就跟染上毒瘾的人一样，是毫无自制力的。陈世龙的嗜好如果已经到了这个程度，那么他得到 50 两银子，外加 5 天自由时间之后，肯定是控制不住自己的，一下子就会把钱花得精光。那样一来，他跟胡雪岩的缘分也就是这 50 两银子了。反之，如果陈世龙信守了自己的承诺，这 50 两银子即便不是分文未动，最起码也应该剩下很多。要是这样的话，胡雪岩就可以真正雇佣“小和尚”了。5 天之后，陈世龙找到胡雪岩报到，胡雪岩看似不经意地问他身上还剩多少钱。陈世龙把银票掏了出来，50 两银子一分不少。胡雪岩的确没有看错人。

实际需要是选择人才的唯一标准

笔者问曰：怎样使用人才？

胡雪岩答曰：根据个人能力和专长给他们安排合适的位置，这样一来使得人尽其力，最大限度地发挥这些人的作用。

胡雪岩用人，不计其短，单看其长，只要有一技之长，即使有些其他的小毛病，也可以不拘一格用人才。之所以这样做，恰恰是因为胡雪岩能够很清楚地意识到，人是不可能十全十美的，如果用求全责备的态度来要求，那未免太苛刻，在现实中也不易实现。因此，他经常挂在嘴边的一句话就是：看人不能拘泥于一点，不能只看一面。尽管如此，不拘一格的胡雪岩在用人方面仍然有他自己不容动摇的底线，那就是这个人的能力必须符合自己的实际需要。用胡雪岩自己的话来说，能够为我所用的人就是人才。换言之，胡雪岩也不是什么人都愿意收到自己的门下的，哪怕这样的人是大家公认的人才。很多时候，大家公认最好的人才其实未必就是最合适的人才；相反，符合某种特定需要的人才，对这个特定的领域而言，也就是最好的人才。这就像买东西一样，最贵的未必就是最好的。在陈世龙的问题上，胡雪岩坚守了这个底线；在后来的徒弟福山的问题上，胡雪岩同样坚守了这个底线。

话说发迹以后的胡雪岩在苏州结识了青楼女子阿巧。精明的阿巧抱着改变命运的心思，随即央求胡雪岩收自己的弟弟福山为徒，跟着学做生意，对于这样的要求，胡雪岩自然无法拒绝，答应见福山一面，然后再做定夺。结识胡雪岩以前，福山一直在家小布铺当学徒。用现在的话来说，也算是具有一定的工作经验。事先已经了解此事的胡雪岩随口问道："你是学做布生意的，对绸缎总识货吧？"

"识是识，不过那家布店不大，货色不多，有些贵重绸缎没有见过。"

福山有一是一，有二是二，回答得很诚实，胡雪岩觉得非常满意："那倒不要紧，我带你到上海，自然见识得到。"

胡雪岩沉吟了一会儿，接着又说："做生意最要紧的是一把好算盘。听说你算盘打得好，我倒要考考你。"

早就经过姐姐嘱咐的福山心里有底，丝毫不慌，只是自信地点了点头。胡雪岩随口出了个题目："四匹布一共十两银子，每匹布的尺寸不同，四丈七、五丈六、三丈二、四丈九，问每尺布要多少银子？"

在这个过程中，胡雪岩故意说得很快，因为当时的很多店铺都要求伙计记忆力必须好，而且还必须具备高超的心算或珠算能力，这也是从实际要求出发的。就拿饭馆、酒楼来说。当时的饭馆、酒楼根本就没有菜单，只能全凭伙计口头报菜名，吃客再根据他的介绍随机选择。大家七嘴八舌，一下子就可能报出十几道菜。过去的伙计本身认字的就不多，即便认字，也没那个时间拿纸笔去记，只能全靠脑子记住客人选定的菜肴，然后再到后面厨房报告给大师傅。这还不算完，等到结账的时候，伙计还必须凭记忆心算得出每桌客人应付的金额。这两个环节中的任何一个出了差错，伙计就有可能走人。正是由于这个原因，胡雪岩才故意从实战角度出发，考察福山的记忆力和使用算盘的能力。如果他能够对这些乱七八糟的数字做到听一遍就记得清，那就算是具备了这个行业的入门资格。

福山不负姐姐的期望，双手把算盘打得噼里啪啦响，很快就报出了最后结果。胡雪岩亲自拿算盘复核了一遍，一点不错。颇为满意他冲着福山点点头说："你做生意是学得出来的。不过，光是记性好、算盘打得快，别样本事不行，只能做小生意。做大生意是另外一套本事，一时也说不尽。你跟着我，慢慢自会明白。今天我先告诉你一句话，要想吃得开，一定要说话算话。所以答应人家之前，先要自己想一想，做得到，做不到？做不到的事，不可答应人家，答应了人家就一定要做到。”

福山一边听胡雪岩说，一边连连点头。等胡雪岩说完，他才恭恭敬敬地回答说：“谢谢先生，我记牢了！”

经商是个非常要求社交能力的行业。也正是因为看中了刘不才和陈世龙两人身上出众的社交能力，胡雪岩才会力排众议、不拘一格地使用他们。正如前面所说，胡雪岩始终强调看人不能拘泥于一点，不能只看一面。单就业务来说，福山已经是个合格的伙计，但是如果他仅仅是个通常意义上精通业务的“老实人”，就仍然不符合胡雪岩的用人预期。

为了考察福山的“外场”能力，胡雪岩安排了一场非常别致的考试。当时，刘不才与袭丰言因为军火生意的业务恰好也在苏州。为了谈生意，这两个人正在苏州城外一家有名的“堂子”吃“花酒”。预先得知这个消息的胡雪岩问福山：“你对苏州城里熟不熟？”

“城里不熟。”

“那么，山塘呢？”

“山塘熟的。”福山追问，“先生要去山塘啥地方？”

“我自己不去，想请你去跑一趟。那里有个姑娘叫黄银宝。我有两个朋友，一个姓袭，一个姓刘，你看看他们在她家做什么，回来告诉我。”胡雪岩顿了一下，接着又补充说：“你不要让他们知道，有人在打听他们。”

“噢！”福山很沉着地答应着，站起身来，似乎略有踌躇，但很快还是信心满满地上路了。

平心而论，让个孩子去烟花柳巷找人，这种考察方法实在特别，也实在不妥，就连跟随胡雪岩到苏州的周一鸣也觉得如此做法似乎有些过分，担心福山小小年纪一时控制不住自己，落入迷魂阵。胡雪岩则对周一鸣的担心不以为然，他对周一鸣说：“不要紧的，我看他那个样子，早就在迷魂阵中闯过一阵了。我倒不是教他学坏，就是要看看他那路门径熟不熟。少年入花丛，总比临老入花丛好。我用人跟别人不同，别人要少年老成，我要年纪轻又有才干、有经验的。什么事都看过经过，到了紧要关头，才不会着迷上当。”

懂得人尽其用

笔者问曰：怎样使用人才？

胡雪岩答曰：根据个人能力和专长给他们安排合适的位置，这样一来使得人尽其力，最大限度地发挥这些人的作用。

之前两节谈的始终都是如何发现、选择人才的问题。人才到手之后，接下来的问题就是如何使用这些人才，让他们发挥自己应有的作用。教育行业有句老生常谈的话：没有教不会的学生，只有教不对的老师。这句话如果套用到商业领域，就可以说：没有用不好的员工，只有用不对的老板。人尽其用，是胡雪岩用人的重要原则。他认为，用人时必须要择人任用，使天资、性格、能力各有不同的人，在不同的岗位上各得其所，做到大才大用，小才小用，最终人尽其用。

胡雪岩在用人方面，确实是量体裁衣的。太平天国运动爆发以后，杭州城曾被太平军占领，随后又被清军收复。经历劫难之后的杭州已然繁华不再，满目疮痍。回到家乡的胡雪岩夜不能寐，辗转反侧之间，却听到了熟悉的“笃、笃、当，笃、笃、当……”的打更之声。听到这个熟悉的声音，胡雪岩顿时感慨万千。战乱之后，杭州城物是人非，唯有这个更夫仍然坚守在那里，履行着自己的职责。顺着这个思路想下去，胡雪岩突然觉得窗外的更夫是个可用之人，因为他具备胡雪岩所崇尚的敬业精神，能够把一件很无聊的事情坚持下来，而且兢兢业业。从某种角度来说，这样的人其实是非常了不起的人。想到这里，胡雪岩心里忽然有了主意。第二天，胡雪岩命人把那个敬业的更夫找来，让他做了自己仓库的总巡视。这个更夫果然尽职尽责，从没让胡雪岩失望过。

胡雪岩发迹以后很多优秀的人才慕名而来，甚至到了过剩的地步。在这样的情况下，胡雪岩所面对的问题不再是发现和选择人才，而是如何在自己的商业帝国当中整合人才，让他们人尽其用，形成合力，最大限度地发挥这些人的作用。

按照这个原则，胡雪岩安排年轻、悟性高的陈世龙在搞好自己本职的公关业务之余，还要学习外语，以便将来跟洋人打交道。老张这人老实本分，没什么实际的本事，却可以辖制他那位聪明却爱贪小便宜的老婆，胡雪岩就让他当了湖州丝行的挂名掌柜。古应春本身懂外语，了解洋人的一些习俗和洋行的规矩，善于和洋商打交道，胡雪岩就让他专门负责跟洋人有关的生意，顺便还要提携提携陈世龙。尤五是漕帮弟兄，熟悉“道儿上”的各种规矩，胡雪岩就让他管运输。朱福年家里原先几辈子都是开当铺的，胡雪岩就让他做了自己典当行的掌柜。黄仪脾气古怪，跟谁都合不到一块，但文字功底好，胡雪岩就让他当了专职文书，平时闷在屋子里写文件，不用跟别人打交道。如此一来，胡雪岩的企业里就没有一个闲人，每个人都能够根据自身的特点，发挥自己的特长。用现在的话来说，胡雪岩为手下的人才提供了一个充分发挥个人才能的平台。从某种意义上来说，正确地使用人才甚至比招募人才更重要。很多时候把合适的人放在合适的位置上，他就能够充分发挥出自己的作用；反之，如果把一个人放在不合适的位置上，他非但发挥不出自己的长处，没准还会对整个工作造成不利的影响，牵一发而动全身，造成恶性的连锁反应。

在这方面，美国通用电气公司的前总裁韦尔奇虽然跟胡雪岩远隔时空，却可谓心有灵犀。韦尔奇有句名言，其中的意思和胡雪岩的话差不多：我最大的成就就是发现人才，发现一大批人才。他们比绝大多数的首席执行官都要优秀，这些一流的人才在 GE（通用电气）如鱼得水。作为美国通用电气公司的董事长兼 CEO，杰克 · 韦尔奇把 50% 的工作时间都花在了人事方面，简直抢了人事部主管的饭碗。作为通用公司的最高决策者，韦尔奇最关心的就是人事工作，他留下的众多启示也主要集中在如何关心和培养人才方面。GE 的员工有 34 万人之多，韦尔奇却知道几乎所有高级管理人员的名字和工作职责。他之所以这么做，是因为坚信：只有对他们有足够的了解，才能信任他们，让他们放心地工作。

就像胡雪岩一样，韦尔奇在用人方面也经常不拘一格。海湾战争结束以后，韦尔奇指示GE的交通运输部门专门从退役的下级军官中聘用了一批人，当时许多人都觉得不可思议。韦尔奇却坚持了自己的做法。他认为，这些刚从战场上退下来的老兵在经历过生死考验以后，必定更加珍惜和平生活，珍惜自己的工作机会，而且这些人本身基础素质都很不错，只是业务知识有所欠缺罢了，这个缺陷是很容易弥补的。事实证明，韦尔奇的眼光果然独到，这批下级军官适应环境以后，很快就为公司创造了出众的业绩。

韦尔奇选人、用人从来不注重学历和资历，他在这方面的名言是：关键在于你能干什么！”自从1981年出任GE的首席执行官以来，韦尔奇始终坚持着这个原则。每年4月到5月，他和两名高级经理都要亲自考核、评估GE的12个业务部门，现场对公司三百多名高管的工作进行考评。为了制造紧张气氛，韦尔奇有意将评审会安排在早上8点到晚上10点之间，不给被考核者留下任何的喘息时间，意在通过这种极端环境，迫使真正的人才脱颖而出。一旦发现了合适的人才，韦尔奇就会有意培植，将他们放到合适的位子上去，充分发挥这些人的价值。

就像胡雪岩一样，韦尔奇对于自己麾下很多企业本身的专业知识其实也是不甚了了的，他曾经说过这样的话：“我不懂如何制造飞机引擎，我也不知道在NBC应播放什么节目。这两项都是GE的主要业务。我们在英国有一项有争议的保险业务，我不想做那项业务，但是那个给我提建议的人想干，我相信他，我相信他能干好。”一个人的力量毕竟有限，不可能面面俱到，作为商场人士，要想真正成就一番令世人瞩目的事业，就必须学会发现人才，同时更要学会合理地使用人才，让他们为自己所用，用别人的才能助自己成功。

学会以情动人

笔者问曰：如何让人才替自己卖命？

胡雪岩答曰：要得到真正的杰出之士，只凭钱是不能成事的，关键在于“情”“义”二字，要用情来打动他们。

仅仅做到慧眼识才，人尽其用，这些其实都还不够，因为这之后还存在着一个如何使下属在现有的岗位上发挥最大积极性，做出最大业绩的问题。为了达到这样的效果，就需要领导对下属进行激励。在这方面，胡雪岩非常注意运用物质利益这条杠杆。阜康钱庄买卖兴隆以后，在包括北京在内的全国各地都设立了分号，胡雪岩手下伙计的人数也与日俱增。据陈代卿《慎节斋文存》记载，每当胡雪岩雇佣号友，也就是伙计时，“必询其家家私若干，需用几何，先以一岁度支界之，稗无内顾忧。”这样做的目的，首先是为了让雇员心里有底，从而踏踏实实地为自己的工作；其次是让他们感恩戴德，干起活儿来，自然就更卖力气。

话说回来，用钱激励员工其实只是方法之一而已。很多人相信钱是万能的，没钱是万万不能的。问题在于，人是内心复杂的动物，除了对于物质的追求以外，还存在着所谓情感、理想、信仰之类的形而上学的东西，可以左右人的行为。因此有些时候，钱未必能够搞定一切事情，否则也就无法解释古往今来面对金钱、美色毫不动心的那些英雄、义士的所作所为了。有鉴于此，作为领导者，在保证员工基本物质需求的同时，也应该充分认识精神激励的作用，做到以情感人。要知道，在某些情况下，“务虚”甚至比“务实”更有效果。

胡雪岩除了善于用白花花的银子笼络、驱使人才，也非常懂得对下属进行感情投资的重要性。他的宽厚大度、嘘寒问暖，常常令下属心存感激，乐意为他鞍前马后地奔波效劳。

话说有一次胡雪岩去苏州卖粮，古应春安排船户周一鸣来接胡雪岩。就是通过这次邂逅，胡雪岩又为自己找到了一个心腹。周一鸣是湖南人，曾经在江南水师里当哨官，后来因为喝酒闹事，打伤了长官的小舅子，被打了 20 军棍，革职除名。话说回来，周一鸣这个人除了酒德不好之外，倒也没有其他缺点。相反，这个人为人豪爽重义气，在江南水师中也颇有些名气。

按照当时的习惯，摆渡都是后付钱的。多数人都有这样的心理特点，属于自己的钱拿在别人手里老觉得不踏实，总是愿意尽快拿到自己手里。胡雪岩深通人情世故，自然不会不明白其中的道理。在他看来，这笔船钱反正早晚是要给的，既然早晚都得给，就不如早给，让船家高兴、放心，落个皆大欢喜。于是，胡雪岩刚上船马上就亲自找了个红封套，里面装了 1 张

50 两银子的银票，双手交给周一鸣。周一鸣适当客气了一下，禁不住胡雪岩言辞恳切，也就千恩万谢地收了下来。胡雪岩为人爽快，周一鸣看他自然也就顺眼，一路上照顾得格外殷勤周到，还经常自告奋勇，替胡雪岩办些跑腿儿的事情。

有一次，胡雪岩拜托周一鸣替自己办件事情。原来，胡雪岩在苏州结识的青楼女子阿巧回木续老家时遇到了个大麻烦。阿巧沦落风尘之前已经定亲，在木续有个有名无实的丈夫。这个人非常老实，得知阿巧攀上了胡雪岩这个“高枝儿”以后，也就再没有了觊觎之心。只不过，阿巧丈夫名叫小狗子的堂兄，却是个有名的“搅屎棍”。他听说阿巧要回乡，就撺掇堂兄出面，利用原来的夫妻关系敲阿巧，其实也就是敲胡雪岩一笔竹杠。幸亏阿巧提前听到了风声，改变行程，直接掉头返回了苏州。没想到，小狗子却带了两个地痞，弄了只船跟着阿巧也到了苏州。阿巧不敢回胡雪岩住的客栈，只得去朋友家借宿。

按说这种涉及个人隐私的事情，胡雪岩即便不亲自出面，也应该派心腹之人处理，可是本着“疑人不用，用人不疑”的原则，再加上身边也确实没人，胡雪岩索性找到了周一鸣，拜托他替自己交涉。周一鸣爽快地答应了下来，直接出面找到小狗子，摸清了对方的底价。胡雪岩最终出了 1000 两银子，搞定了这件事情。风波平息之后，阿巧再次动了回乡把弟弟——也就是前面提到的福山，接出来的念头。胡雪岩一事不烦二主，请求周一鸣保镖陪同。要知道，在男女授受不亲的封建社会，能够把自己的女眷完全交给别人负责，那本身就意味着极大的信任。周一鸣感动之余，已经彻底将胡雪岩视作了自己的主人，萌发了在胡雪岩手下做事的念头。只不过，他也没敢莽撞地把这个事情提出来。

护送阿巧姐弟返回苏州以后，周一鸣找到胡雪岩辞行，趁着这个机会，胡雪岩把留用他的话说了出来，表示愿意每月提供 50 两银子的薪酬，外加年底的花红。平心而论，50 两银子一个月在当时的确算是高薪，更何况还有年底的花红。

周一鸣想也没想，就一口应承了下来。他这样对胡雪岩解释自己的选择："你胡老爷看得起兄弟我，不把我当外人。若是胡老爷要用我，我自然乐意。我说真心话，跟胡老爷做事，实在痛快，莫说每月 50 两，有一半我就求之不得了！"就这样，胡雪岩只花费了很少的成本，就把自己看中的人才搞到了手。由此可见，很多时候，并不一定非靠钱才能够解决问题。

和气生财　皆大欢喜

和为上策，和气方能生财产。

——胡雪岩

中国人崇尚一团和气，做人如此，做生意也是如此。从某种意义上来说，每个成功商人的背后必然存在这样一个庞大的人际关系网。这个关系网的涵盖范围可能包括亲人、朋友、下属、领导、主顾，乃至冤家、对手等。人上一百形形色色，尝试着和形形色色的人和谐相处，并且加以利用，本身就是一门深奥的学问。胡雪岩之所以能够在生意场和现实人生当中八面玲珑，处处逢缘，实现生意和人生的双丰收，恰恰是因为他深通这门学问。

学会察言观色

笔者问曰：跟人打交道有什么诀窍？

胡雪岩答曰：能猜察别人的心理想法，且善于投人所好，是做生意的一大奥妙。

读心术之类的学问属于现在人们的话题。这套学问听起来非常玄妙，真正归纳起来其实不过四个字，那就是“察言观色”。所谓“察言观色”，它的最终目的就是要在适当的时机，通过适当的方式，洞悉对方的性格、心理、意图，从而在交往过程中占据主动。中国古代虽然没有读心术的概念，但是中国古人从自身的生活需要出发，就已经总结出了一系列以“读心、御人”为核心的理论。

胡雪岩作为处世高手，在洞察人心方面，向来就有他的过人之处。在调节魏老爷子和俞武成矛盾纠纷的过程中，胡雪岩表现出高明的“手腕”。魏老爷子和俞武成这两个人都跟胡雪岩有军火方面的生意往来，而且还都是漕帮的人，只不过魏老爷子是替胡雪岩给清军运送军火的，俞武成则是从胡雪岩这里买了军火，然后偷运给太平军的。

矛盾的起因是这样的，处于交战当中的清军和太平军都急需军火，洋枪、洋炮在任何一方都可以卖出好价钱。问题在于，清军毕竟属于“政府军”，可以通过很多渠道合理合法地得到军火。太平军要想得到军火补给则只能依靠走私、偷运等非法途径，相比之下更加困难，因此他们开出的价码也就更高。很多人因此冒着被朝廷砍头的危险，偷偷向太平军阵营输送军火，俞武成就是其中之一。俞武成发财心切，又无法直接搞到货源，就动起了歪念头，抢了同为漕帮兄弟的魏老爷子替胡雪岩押运给清军的军火。

胡雪岩当时面临着两难的选择。如果直接把俞武成的情况报告给朝廷，虽然可以一劳永逸，却会得罪漕帮，留下数不清的后患。相反，如果他对这件事装聋作哑，魏老爷子心里的恶气出不了自不待言，朝廷万一得到风声，他自己也难免“通敌、资敌”的罪名。思前想后，胡雪岩最终把宝押在了俞武成远在苏州的老娘俞三婆婆身上。之所以这么做，是因为俞武成虽然浑浊猛愣，什么都敢干，却是个对母亲言听计从的大孝子，而且俞三婆婆本身虽然是个妇道人家，却也出身漕帮世家，算得上是个“老江湖”，在原则问题上还是拿捏得住的。

俞三婆婆的确是个“老江湖”，得知胡雪岩的来意以后，她先是装聋作哑，表面上的理由是自己年纪大了，不想介入这件事情，实际的目的其实仍然是向着自己的儿子。胡雪岩既然拿定主意，远道而来，就不会轻易放弃。在俞三婆婆装聋作哑、软硬不吃的情况下，他还是不厌其烦地把事情的来龙去脉说了一遍，同时趁机察言观色。经过仔细观察，胡雪岩发现这个老太太虽然表面上不动神色，其实听得很认真，而且对他话里透露出的官府对于这个问题的态度非常在意。

胡雪岩由此认定官府就是这个老太太的“七寸”。轻易不愿意和官府作对，这几乎是所有江湖人的通病。摸准了俞三婆婆脉的胡雪岩决定敲山震虎，他一方面表示不想跟漕帮为难，此事既往不咎，但同时又强调说如果再出现类似的问题，就只有请官兵出面押运军火了。话说到这里，胡雪岩的意思已经很明白了。俞三婆婆八十多岁，自然不愿意眼睁睁看着自己全家被满门抄斩。醒过味儿来的她立刻装出一副被不争气的儿子气得发抖的样子，一边连连点着自己的拐杖，一边当着胡雪岩的面儿斥责孙子俞少武：“赶快派人把你那糊涂老子找回来！”

胡雪岩也不是傻子，立刻听出了话中得玄机。达到目的的他见好就收，反而在俞三婆婆面前充当起了和事佬的角色：“这件事怪不得俞大哥，我们也是道听途说，事情还不知道真假，俞大哥不至于敌友不分。我们的来意，是想请三婆婆做主，仰仗俞大哥的威名，保个平安。”

俞三婆婆趁机就坡下驴，一场危机化解在了无形之中。

义气永远不过时

笔者问曰：怎样做最容易赢得别人的好感和支持?

胡雪岩答曰：世界上顶顶痛快的一件事，就是看别人家穷途末路，几乎要一钱难死英雄汉时，我有机会挥金如土，偌，拿去用！够不够?

“义气”是个被中国人经常挂在嘴边儿的词，每个人对此都有自己的理解，然而真正能够像武侠小说、评书里那样，做到“义”字当头的人其实并不多。于是，义气在很多时候往往就成了嘴上的空谈，成了一种点缀。凡是都有两面性，义气在现实生活中的尴尬，反倒为那些真正义字当头的人提供了机会。正所谓物以稀为贵，恰恰是由于“义气”这两个字在现实生活当中的沦丧，那些仁义之士才更加显得弥足珍贵，才更容易获得别人的好感和支持。

无论做人还是做生意，胡雪岩都称得上是个“人尖子”，自然也不会在“义气”这两个字上面落后于人，而且也享受到了由于“义”所带来的种种“利”。前面曾经提到，胡雪岩为了帮助好友王有龄解决漕米北运问题，曾经提出了在上海就地买米的办法，而且主动承担了买米的任务。胡雪岩自己并不种地，需要米的话，也只能找别人去买。就在这时，他听说漕帮手里恰好有批大米准备出手，于是就找到了后来和自己多有来往的魏老五那里。

为了替王有龄搞到急需的大米，胡雪岩找到了魏家。在江湖上一贯名声不错的胡雪岩受到了魏老夫人的隆重接待，很爽快地答应了买米的事情，并尊称为“爷叔”。所谓“爷叔”，是漕帮对外人最高规格的敬称。魏老夫人率先垂范，漕帮上上下下对胡雪岩都非常尊敬。胡雪岩原以为自己此行非常顺利，大米已经到手。没想到，这天晚上，魏老夫人儿子魏老五不请自来，支支吾吾地说起了买米的事情，话里话外的意思是打算反悔。

对于漕帮这种“出来混”的江湖群体而言，说话不算数是为人处世的大忌，是严重违背江湖道义的。胡雪岩听了魏老五的话，完全可以义正词严地将对方训斥一番，然后再要求他们必须履行承诺。要不然的话，一旦这件事情传了出去，魏家以后就没办法做人了。眼看煮熟的鸭子又要飞了，胡雪岩心里自然非常不痛快，但是看到魏老五为难得脸红脖子粗，他又觉得对方可能真的有难处，所以就隐忍着没有发作。

事情果然不出胡雪岩所料。原来，漕帮手里的确有一批大米，而且他们也确实想把这批大米出手，换成现钱，然后去堵自己的窟窿。胡雪岩这个买家主动上门，漕帮其实正求之不得。问题在于，王有龄的海运局不打算用现银结账，而是采取以物易物的方式。也就是说，先用漕帮的大米救了漕米北运的急，等来年大米收获了以后，再把这批大米还给漕帮。当然，海运局会适当地在原有基础上多给些大米，算作利息。这样一来，漕帮的买卖虽然没赔，可是要想拿到现钱，就必须等到来年。魏老夫人年纪大了，有点儿老糊涂，根本不了解其中的内情，平时又好个面子，于是就爽快地答应了胡雪岩的要求。魏老五是个孝子，不好意思当面给母亲泼冷水，只好暂时勉强答应。事情过去以后，他又觉得这个买卖实在不上算，所以才找到胡雪岩，希望背着母亲解除合同。

胡雪岩这个人向来都是替别人着想，急人所急的，对方既然真的有难处，他也就不好强人所难。事情发展到这个地步，胡雪岩完全可以不再和魏老五纠缠，再去找别的卖家就是了。对普通人而言，做人能够做到这样的程度，也就说得过去了。可胡雪岩毕竟是胡雪岩，买卖可以不成，但仁义还是要讲的。听了魏老五的话，胡雪岩真心实意地打算帮他一把，顺便也照顾照顾自己的老朋友王有龄。思来想去，他决定由自己的钱庄出钱，从漕帮买米，然后再把米交给海运局。这样一来，魏老五立刻就可以拿到现钱，堵上自己的窟窿，剩下的事情就不用他再操心了。

表面上看，胡雪岩这么做也是有利可图的，至少没赔本儿，但是这件事情本身其实是包含着巨大的风险的。首先来说，胡雪岩要想再把大米换成现钱，就必须等上 1 年时间，这等于是把大量的流动资金变成了“死钱”。其次，1 年时间本身就可能发生很多变数，即便最后可以足额拿到大米，胡雪岩是赚是赔也还是个未知数。平心而论，胡雪岩当初之所以没一开始就提出这个办法，本身也有不想给自己多找麻烦，把风险转嫁给漕帮的因素在内。在对待魏老五这个问题上，胡雪岩起先其实是把“利”放在了“义”的前面。可是当他发现对方真的有难处以后，心中的义气最终就压倒了私利。这样一来，魏老五的难处就解决了。胡雪岩虽然暂时承担了一定的风险，但是魏老五对他的慷慨仗义非常欣赏，觉得胡雪岩不像普通商人那样唯利是图，从此开始跟他倾心相交。在这件事情当中，胡雪岩凭借自己的义气成全了两个人，同时也获得了相应的回报。王有龄那里自不待言，魏老五则自此成了胡雪岩的死党，简直对胡雪岩唯命是从。胡雪岩因此在与漕帮打交道方面占据了种种先机。

多个朋友多条路

笔者问曰：朋友越多越好吗？

胡雪岩答曰：做生意第一要齐心，第二要人缘。

多个朋友多条路，少个冤家少堵墙，这是人所共知的道理。危难关头，那些至真至纯的朋友总是能够雪中送炭，仗义相助；即便是利益相交的酒肉朋友，多少也都有些用处，最起码不会为你的工作生活人为设置障碍。有鉴于此，聪明人总是尽可能多地结交朋友，同时尽量减少树敌的机会。这种做法是多数人处世为人的最基本技能，胡雪岩自然也不例外。

同行是冤家，胡雪岩原先是在信和钱庄做事的。阜康钱庄成立以后，胡雪岩跟原来的东家自然而然也就成了冤家。经过多年相处，信和钱庄上上下下对胡雪岩的能力才干心知肚明，认定他是个危险的竞争对手。同样，胡雪岩也对信和钱庄的底细了如指掌，如果他打算跟老东家为仇作对，那其实是很容易的事情。更何况，胡雪岩离开信和钱庄的时候其实挺不光彩。原来，当时已经身为掌柜的他为了帮助老朋友王有龄，私自挪用了钱庄的500两银子。胡雪岩原打算事后有了银子，再悄悄把这笔钱还回去，结果却被东家发现了。用现在的话来说，胡雪岩这种做法的目的虽然是助人为乐，但仍属于挪用公款。正是由于这个原因，胡雪岩才被钱庄扫地出门。在这种情况下，即便胡雪岩声称自己不怀恨于心，信和钱庄的老东家恐怕也不会相信。听着阜康钱庄开张时的鞭炮声，信和钱庄上上下下的心里都好像打翻了五味瓶。

老于世事的胡雪岩对此一清二楚。在他看来，这个问题最好的解决办法就是双方当面锣、对面鼓地把事情说开，如果当事双方全把话闷在心里，最后就很容易造成误解。拿定主意的胡雪岩，专门请自己在信和钱庄的老东家张胖子吃饭。以胡雪岩对张胖子为人的了解，这位老东家此刻最担心的事情就是阜康钱庄开业以后，自己利用原先掌握的经验和人脉跟信和钱庄针锋相对地对着干，抢他们的生意。为了打消张胖子的顾虑，胡雪岩对症下药，开门见山地强调阜康钱庄决不会抢信和钱庄的生意。为了表示诚意，他还许诺说凡是信和钱庄此前的经营范围，阜康钱庄一律回避。不仅如此，两家钱庄还可以在很多方面展开合作。张胖子至此才彻底放了心，认定阜康钱庄的开业非但不是让自己多了个竞争对手，反而还意味着信和钱庄自此多了个合作伙伴。心潮澎湃的他随即表示，信和愿意跟阜康钱庄合作，真心实意地支援阜康。随后的事实证明，胡雪岩和张胖子各自都遵守了自己的诺言。

看到这里，有些人可能会表示不理解，既然同行是冤家，胡雪岩为什么不趁机彻底搞掉信和钱庄，来个斩草除根、一劳永逸呢？从某种意义上来说，胡雪岩之所以这么做，除了胸襟度量的因素以外，也存在着非常现实的考虑。

如果盲目地树立敌人，跟别人为仇作对，最大的可能就是，要么两败俱伤，要么取得暂时的胜利，同时为今后埋下隐患。有鉴于此，既然事情做不绝，那就不如不做。胡雪岩当时虽然咸鱼翻身，但毕竟羽翼未丰，还没有彻底将信和钱庄置于死地的能力。与此同时，信和钱庄经营多年，树大根深，也不是那么轻易就可以被胡雪岩乃至王有龄搞垮的。在这种情况下，与其二虎相争，必有一伤，还不如化干戈为玉帛、团结合作来得有利。胡雪岩主动跟老东家冰释前嫌，既在道德上得了分，又保证了自己的现实利益，可谓一举两得。

人情就是资本

笔者问曰：人情、钱财孰轻孰重？

胡雪岩答曰：钱财账背后的人情，向来比钱财更重要。

胡雪岩曾经这样说过："钱财账背后的人情，向来比钱财更重要。"处世手段高明的人总是想方设法让自己处在被别人欠人情的地步，这样既可以在与人交往的过程中占据先机，也可以获得各种现实的利益。胡雪岩之所以能够白手起家，打造自己的商业帝国，恰恰是因为拥有了人情这个资本。

手里稍稍有了资本以后，胡雪岩开始涉足生丝贸易，跟洋人做买卖。在这个过程中，胡雪岩游走于官场势力、江湖大佬和洋商买办之间，同时还必须防备自己战壕里那些居心不良、吃里扒外的人。第一笔"销洋庄"的生丝生意做下来，胡雪岩净赚了 18 万两银子。问题在于，这笔买卖的合伙人太多，各种额外开支也太大，表面上看是赚了，其实却是赔了。在这种情况下，胡雪岩选择了宁可赔自己、也不赔别人的处理方式。所有合伙人都收回了自己的本金和红利，胡雪岩不仅分文未赚，原先的债务没能清偿，还又添了一万多两银子的亏空，等于白忙活了一场。

胡雪岩这个人虽然仗义，却不是那种迂腐的道学先生。他的每次付出都是有着明确目的的，吃亏也要吃在明面上。于是不久之后，那些受惠于胡雪岩的人就通过各种各样的渠道"偶然”得知了胡雪岩的义举。这些人嘴上不好说什么，心里却感动万分，欠了胡雪岩一个很大的人情。通过这次合作，漕帮老大尤五、洋商买办古应春、湖州大户郁四等人都成了胡雪岩的铁哥们，心甘情愿地替这位朋友卖力跑腿。这样一来，胡雪岩表面上看虽然是赔了，可在人情账上却又大大地赚了一笔。现实的金钱数目再多也是有限的，人情债却可以为胡雪岩带来无穷的机会和利润。

从某种意义上来说，处理好“钱财账”与“人情账”的关系，是每个人为人处世的必修课。市场经济时代，却也不能仅仅以金钱为标准衡量自己的赚和赔。很多人其实都明白这个道理，那些过分计较蝇头小利的人，往往不容易有大的成就。相反，某些在钱财方面表现得较为洒脱、大气的人，反而更容易获得长远的利益，取得意想不到的收获。胡雪岩身为商人，赚钱是他的天职，然而他却并不在乎金钱上的赔和赚，而是更加关注人情账上的得和失。在他看来，人情就是资本，自己眼下暂时舍去的，今后必然会翻着倍地捞回来。

让别人欠自己的人情是件非常惬意的事情，相应的，欠别人的人情就没那么舒服了。如果欠了别人现实的钱财，哪怕数字再大，也总有连本带利还清的一天；相反，有些人情债却可能是一辈子也还不清的。有鉴于此，类似胡雪岩这样的聪明人在处处放人情债的同时，除非万不得已，总是不轻易地欠别人的人情。经验告诉他，很多时候，让自己处于“吃亏”的地位，其实比占便宜更有利。

前面曾经提到，胡雪岩跟洋人做第一单生丝买卖时，凭借自己的人品和能力，让当时上海生丝领域的“大哥大”庞二心悦诚服。认识到胡雪岩巨大价值的庞二打算通过送“干股”的方式跟胡雪岩合作。对刚刚涉足生丝行业的胡雪岩来说，能够跟业内巨头庞二合作，那当然是求之不得的好事。更何况，他自己不用花一文钱，就可以借庞二的买卖获利。在很多人眼里，这无疑是个千载难逢的大便宜，不占就是“傻瓜”，然而胡雪岩偏偏就当了这个“傻瓜”。

面对巨大的利益，胡雪岩清醒地意识到，自己如果接受了庞二的干股，就等于吃了大亏。表面上看，所有的成本都是庞二出的，胡雪岩不用承担任何风险，旱涝保收。问题在于，庞二只是贡献了有限的启动资金，真正干活的人却是胡雪岩，然而胡雪岩得到的那份报酬却远远小于他所创造的价值，大头儿都被庞二拿走了。即便仅仅从金钱方面来衡量，胡雪岩也是吃了大亏的。更何况，他还因此欠了庞二一个大大的人情。通过这种方式，庞二实际上是非常廉价地把一个潜在的竞争对手置于自己的掌控之下。一旦将来胡雪岩打算自立门户，“白眼狼”“忘恩负义”的指责就将让他处于非常不利的地位。想来想去，胡雪岩最终还是非常明智地没给庞二这个让自己欠他人情的机会。

仁义经营天下

笔者问曰：如何始终立于不败之地？

胡雪岩答曰：仁者无敌。

从某种意义上来说，晚清是中国历史上社会结构最复杂的一个时代，朝廷、洋人、形形色色的各种行会、社团，乃至黑社会，都渴望在中国这片土地上获得自己的立足之地。与两耳不闻窗外事的读书人、千里做官只为财的官场人、耕读传家的务农人不同，面对这个异常险恶的社会，商人是无法回避的。如果想要养家糊口，如果想要发财致富，他们就必须学会跟方方面面的势力打交道，八面玲珑地四处周旋，争取自己的生存空间。所谓“鱼有鱼道，虾有虾道”，为了达到左右逢源的目的，商人们各显其能，有的依靠金钱，有的寻找靠山，有的委曲求全，有的厚颜无耻，胡雪岩依靠的则是他的仁义。“仁义至上”是胡雪岩为人处世的基本原则，是他纵横捭阖于士农工商、三教九流之间，无往而不利的制胜法宝。面对胡雪岩的“仁义攻势”，无论何种身份背景、脾气秉性的人，想要不被“收买”都是件非常困难的事情。

话说杭州城有个名叫钱方伯的穷秀才。迫于生计，这位秀才曾经向胡雪岩当学徒的信和钱庄借过500两银子。怪只怪信和钱庄的伙计粗心大意，居然把钱秀才亲笔写的借据弄丢了。钱方伯的人品本来就很恶劣，得知这个消息以后，就打算干脆把这笔账赖了。500两银子在当时不是个小数目，省着花的话，几乎够普通农民过上一辈子。信和钱庄无奈，原打算跟钱秀才对簿公堂。没想到钱秀才时来运转，居然四处筹措银两捐了个知县，还得了实缺。钱秀才的这个知县虽然也是捐的，但因为是实缺官儿，真正掌握生杀大权，所以气焰非常嚣张。穷书生一夜之间成了七品大老爷，坐在大堂上吆五喝六，信和钱庄的老板即便有心要账，也没那个胆子了。

胡雪岩年轻时候就特别聪明伶俐，善于跟各色人等打交道。当时，向外放款是钱庄的主要业务。问题在于，钱放出去容易，想要连本带利收回来，就没那么容易了。信和钱庄的老板觉得胡雪岩这人特别会来事儿，心眼儿也多，就专门培养他从事收款、讨债的业务。胡雪岩这人经商本来就有天赋，历练了没几年，就在这方面积累了一套独特的手段，不但能把放出去的钱连本带利顺利收回来，还不得罪人，多数债主都对胡雪岩的忠厚仁义敬佩有加，觉得这个人会办事，愿意给他面子。

清代官场有个规矩，本地人不能在本地当官。钱秀才捐了实缺知县，即将赴外地上任。眼看500两银子的账可能落空，信和钱庄的老板心有不甘，于是决定让胡雪岩出面试试。不仅如此，老板还很慷慨地许诺给胡雪岩说，如果他能把账要回来，就可以从中提两成作为酬劳。胡雪岩当时还一穷二白，这样的酬劳对他来说是非常有诱惑力的。重赏之下必有勇夫，胡雪岩下定决心要把钱要回来。

胡雪岩知道，对付钱秀才这种人，来硬的不行，来软的也不行，必须软硬兼施，既让他觉得难受，还要让他说不出什么。当时，即将去外地上任的钱秀才正在家里大摆盛宴，招待亲朋好友、地方士绅。胡雪岩知道，像钱秀才这样的当官人，什么缺德事都敢干，可是还特别在意自己的“名声”，最怕当众出丑。想到这里，胡雪岩决定利用这个机会当众恶心恶心钱秀才，用“软刀子”逼他还债。打定主意的胡雪岩花钱雇了好几个叫花子，就让他们堵在钱秀才的门口。这些叫花子既不打、也不闹，态度特别好，可就是堵着钱秀才的门不走。那些前来道贺的人已经进了钱秀才家门的出不来，还没进门的被堵在外面进不去。

俗话说得好，光脚的不怕穿鞋的。这些叫花子没家没业，只有一条穷命，什么也不在乎。钱秀才虽然当上了知县老爷，也不敢跟这几个叫花子叫板。首先来说，自己大喜的日子，万一真的在门口闹出点儿事情来，确实有伤体面。其次，就算自己豁出去面子，收拾这帮叫花子一顿。问题在于，几个叫花子确实不足为虑，可他们身后还有惹不起的丐帮。要是真把丐帮给得罪了，以后的麻烦就会无穷无尽。事实上，当地的确发生过类似的先例。想当初，醉仙楼的老板自认为有钱有势，不但言语羞辱上门要饭的叫花子，还放狗咬他们。醉仙楼老板的所作所为犯了丐帮的众怒。从那以后，每天都有大批叫花子堵在酒楼门口。这些叫花子不但阻碍了交通，还随地大小便，搞得老板根本没法做生意。不仅如此，丐帮后来还放出风来，打算安排几个弟兄吊死在酒楼门口，让老板摊人命官司。这样一来，醉仙楼老板彻底没了脾气，只好找中间人说和，最终赔了丐帮几百两银子，才算把这事儿给解决了。有了这样的前车之鉴，钱秀才自然不敢造次。就算他自己马上就要去外地上任了，可是跑得了和尚跑不了庙。再说他的官也不可能当一辈子，早晚也得回乡养老。得罪了丐帮，就等于断了将来回家的路。

眼看钱秀才急得抓耳挠腮，胡雪岩觉得火候差不多了，就走上前去，笑呵呵地对钱秀才说："钱大老爷，您马上就要去外地做官，今天我和这些弟兄聊备薄礼，专程上门贺喜，请您笑纳。”胡雪岩一边说，一边递给钱秀才一个信封。摸不着头脑的钱秀才打开信封一看，里面只有一张白纸，上面写着抵银500两。这又是胡雪岩高明的地方。众所周知，中国人为人处世最讲究面子，不到万不得已，轻易不能抓破面子。一旦面子破了，有些事情反倒就不好办了。胡雪岩之所以能借助这些叫花子逼迫钱秀才还债，归根到底还是因为后者顾全面子，还没到彻底不要脸的程度。要是胡雪岩不知深浅，当中揭了钱秀才的短处，双方的面子也就抓破了。抓破面子的钱秀才可能狗急跳墙，胡雪岩却再也没有可以辖制他的办法。有鉴于此，胡雪岩才想出了这么个比较含蓄的方式，既让钱秀才知道自己带人来闹的目的，又没有当着众人的面揭他的短儿。

钱秀才这个人当初能考上秀才，后来又能捐个实缺知县，可见不是个糊涂人，晓得好汉不吃眼前亏的道理，也意识到胡雪岩的要债方法虽然挺不地道，但多少还是给自己留了面子的。更何况，赖账不还，本来就是自己不对，想到这里，钱秀才算是彻底没了脾气，而且还觉得眼前这个年轻人有主张，又很仁义，前途必定不可限量。没了脾气的钱秀才吩咐手下安排饭菜，让胡雪岩带着这帮叫花子兄弟改善了一下生活。酒足饭饱以后，他又悄悄把胡雪岩叫到内室，连本带利还了账。有意思的是，通过这件事情，钱秀才和胡雪岩反而不打不相识，成了朋友。

曾经倾心结交的那些朋友们为了胡雪岩的事业有钱出钱、有力出力，就连钱秀才也成了胡雪岩的好伙伴。白手起家的胡雪岩用仁义经营出了属于自己的一片广阔天地。

刚柔并济　圆中有方

做人必须方外有圆，圆中有方，外圆内方。

——胡雪岩

“方”是做人之本，是堂堂正正做人的脊梁。但是人仅仅依靠“方”是不够的，还需要有“圆”的包裹。“圆”是处世之道，是妥妥当当处世的锦囊，无论是在商场、官场，还是交友、情爱，都需要掌握“圆世”哲学，才能无往而不利。

得理要让人

笔者问曰：得理不让人是否明智？

胡雪岩答曰：得理要让人，为人不可太绝。

人不能有害人之心，同时还应该注意，待人做事都要想着留有余地，无理要让人，得理也不能不让人，这就是胡雪岩所说的“为人不可太绝”。胡雪岩有一点很难得，那就是即使在完全有理由打击生意对手，且完全有条件将对手置于死地的时候，他也不肯存害人之心，放出“黑”手。他认为，无论做事还是经商，都应学会掌握、运用机变与权变之理，在任何时候任何情况下都应该注意给自己留退路。这是一个高明的商人在每一次出击之前都必须深思熟虑的问题。

有一次，胡雪岩到苏州办事，临时需要在永兴盛钱庄兑换20个元宝急用。这家钱庄不但不给他及时兑换，而且还凭白诬指阜康银票没有信用，使他很不痛快。话说回来，这家永兴盛钱庄其实本身便来路不正。原来的老板节俭起家，干了半辈子才创下这份家业，可四十出头就病死了，只留下一妻一女。现在钱庄的档手骗取寡妇孤女的信任，人财两得，事实上已经霸占了这家钱庄。此外，永兴盛的经营也有问题，他们贪图重利，只有10万两银子的本钱，却放出二十几万两的银票，如今已经岌岌可危了。

胡雪岩在这家钱庄无端受气，当然要狠狠整它一下，起先他想借用京中“四大恒”排挤义源票号的方法。京中票号，最大的有四家，招牌中都有一个“恒”字，称为“四大恒”。行大欺客，也欺同行。义源号本属后起，但由于做生意迁就随和，信用又好，并且专跟市井细民打交道，名声一下子做得很盛，连官场中都知道了它的信誉，所以生意蒸蒸日上。“四大恒”同行嫉妒，想打击义源，于是出了一手“黑”招，他们暗中收存义源开出的银票，又放出谣言说义源面临倒闭，终于造成挤兑风潮。

胡雪岩如果仿照这种办法，实际上能够比当年“四大恒”排挤义源时做起来更方便也更狠。当时的浙江与江苏有公款往来，胡雪岩能够凭自己的影响，把海运局分摊的公款、湖州联防的军需款项、浙江解缴江苏的协响几笔款子合起来，换成永兴盛的银票，交江苏藩司和粮台，由官府直接找永兴盛兑现。这样一来，永兴盛不倒也得倒，而且这招属于借刀杀人，一点痕迹都不留。

思前想后，胡雪岩最终还是放了永兴盛一马，没有实施他的报复计划。胡雪岩放弃报复计划，主要有两方面的考虑。一是这手实在太辣太狠，一招既出，永兴盛绝对没有一点生路；二是如果这样做，即使搞垮永兴盛，自己也是劳而无功，这种损人不利己的事情，胡雪岩也不愿意做。

从这件事情当中，我们的确可以看到胡雪岩为人处世中宽仁的一面。说起来，永兴盛既来路不正又经营不善，只是一个强撑住门面唬人的烂摊子，就算将它一击倒地，也不会有多少人同情，可能还为钱庄同行清除了一匹害群之马。即使是这样，胡雪岩还是下不去手，足见他所说的“将来总有见面的日子，要留下余地，为人不可太绝”，并不是口头上说说而已，而是确确实实是这样去做的，这其实可以看作是胡雪岩的一条为人准则。

胡雪岩这么做，对于自我利益的考虑当然也在起作用，所谓将来总有见面的机会，事情做得留有余地，也就为将来见面留有了余地。实际上，对于生意人来说，这样考虑也是十分必要的。胡雪岩做生意，把人缘放在首位。“人缘”，对内指员工对企业忠心耿耿，一心不二；对外指同行的相互扶持、相互体贴。比如开阜康钱庄时，为了清除信和钱庄的疑虑，他声明自己的钱庄将不会挤占信和钱庄的生意，而是要另辟门路，浙江海运局的钱款往来将按原来的约定由信和钱庄经营。如此一来，信和钱庄不是多了一个对手，而是多了一个伙伴，自然疑虑顿消，转而真心实意支持阜康钱庄。在胡雪岩以后的经商生涯中，信和给了他很大的帮助，都要归功于他当初没有抢信和生意的那份情谊。

在生意场上，没有永远的朋友，也没有永远的敌人，不管多么敌视的对手，竞争过后都会有联合的可能。所以，竞争总是存在的，而“见面”的机会也总是存在的。生意场上有一句话，叫做“留人一条活路，等于留给自己一条财路”。无论从哪个角度看，这都是有道理的。有鉴于此，胡雪岩在经营过程中非常注重“面子”的作用。相应的，他也十分注意维护别人的面子。他认为，大家的关系是要每个人共同精诚合作形成的，一个人的信誉被破坏了，对大家都不利，所以他坚持“得理要让人”。

胡雪岩出道伊始，就显出这种气度。王有龄做官后回到杭州，得知胡雪岩为了他丢了饭碗，落魄不堪，当即就要还上信和钱庄的500两银子，为胡雪岩洗刷恶名。王有龄弄清了借据的内容，利息算法，立即就在海运局支出600两银子，要去还清这笔账。他穿上官服，吩咐跟班备轿，让人准备鸣锣开道，要和胡雪岩一同前往。按王有龄的想法，自然是要以自己的官威为胡雪岩扬一扬名，顺便也替他出一口恶气。然而胡雪岩却拒绝了朋友的好意。他并不想逼人于绝境，而是设身处地地为别人着想。胡雪岩不去报仇的理由很简单，信和钱庄的掌柜就是当初将他开除出信和的张胖子。如果此时他和王有龄一同前往，势必让张胖子非常尴尬，大失面子。如此事传扬出去，张胖子在同行、东家面前的面子也就没有了。这是胡雪岩不愿意看到的事情。他不仅没与王有龄同去，而且还叮嘱王有龄捧信和几句，也不要告诉他们他已经见到了胡雪岩。这样的做法令王有龄不禁赞叹道："此人居心仁厚，至少手段漂亮。换了另一个人，像这样可以扬眉吐气的机会，岂肯轻易放弃？而他居然愿意委屈自己，保全别人的面子，好宽的度量！"

王有龄理解了胡雪岩的用心，单独去还这笔借款时也做得很漂亮。他特意换上便服，也不要鸣锣开道了，而且将官轿换成一顶小轿。由于信和当初就将这笔500两银子的款子当作一笔收不回来的死账，因此他们也没把胡雪岩代王有龄写的借据当一回事，不知随便扔到哪里去了。此时王有龄来还钱，居然遍找不到。当钱庄张胖子将此情况据实相告后，王有龄不仅没有为难他，反而二话没说，拿出连本带息的550两银子，只要求对方写一个已经还清的笔据。至于原来的借据，以后找到销毁就是了。

人都有争强好胜的习惯，所以大多数人总想在别人面前站得高一点，其实这是做人的一大禁忌。胡雪岩却明白这样一个道理：恰当地保住别人的面子，便是为自己加分。很多时候，对与错其实是没有多大意义的，相比之下，保住别人的面子可能更重要。即便是有朝一日，你绝对占理的时候，最好也能像胡雪岩一样“得理也让人”。仔细想想，伤害别人的面子，牺牲的是你的人缘，即使换来一次小小的胜利，也是很不值得的事情。做人应该明白一点：保住面子就是给自己加分。

在对待吃里扒外的朱福年时，胡雪岩还是牢牢记住“饶人一条路，伤人一堵墙”的道理，把这件事处理得极为漂亮。朱福年这人做事不地道，不仅在胡雪岩与庞二联手销洋庄的事情上作梗，还拿了东家的银子“做小货”，他的“东家”庞二自然不能容忍。依庞二的想法，他一定要彻底查清朱福年的问题，狠狠整他一下，然后让他滚蛋。胡雪岩却觉得不妥。他认为，一发现这个人不对头，就彻底清查之后请他走人，这是普通人的做法。最好是不下手则已，一下手就叫他晓得厉害，心生佩服。要像诸葛亮“七擒孟获”那样使人心服口服。“火烧藤甲兵”不足为奇，要烧得他服帖，死心塌地地替你出力，才算本事。

按照这个思路，胡雪岩的做法是先通过关系，摸清了朱福年自开户头、将丝行的资金划拨“做小货”的底细，然后再到丝行看账，在账目上点出朱福年的漏洞。这之后，胡雪岩也只是点到为止，不点破朱福年“做小货”的真相，也不再深究，让朱福年感到自己似乎已经被抓到了“把柄”，但又摸不着深浅。同时，他还给出时间，让朱福年检点账目，弥补过失，等于有意放他一条生路。最后，则明确告诉朱福年，只要尽力，他仍然会得到重用。这一下朱福年真就感慨不尽，彻底服帖了。

胡雪岩的做法确实十分高明，也十分有效。俗话说，人怕破脸，树怕剥皮。人做了坏事，既然已被老板揭穿，虽然不给处罚，他也心存感激，但终归落下痕迹而无法相处。如此一来，自然也就无法再做下去。从这个角度看，既然还当他是个人才，就不如为这个人留下面子，同时又让他心存感激。这样既达到堵漏补缺的目的，还等于救下了一个人，于己于人，都善莫大焉。

商场上得理让人，保全别人的面子，也是在保全自己的面子。如果胡雪岩在还钱时真像王有龄起先准备的那样，为了自己的扬眉吐气而使张胖子下不了台，别的不说，他至少不会让王有龄看到他的居心仁厚和“好宽的度量”。更重要的是，为别人留一条退路，也是为自己开一条出路，所谓“饶人一条路，伤人一堵墙”，说的就是这个道理。这一次为张胖子保全了面子，就使张胖子对胡雪岩佩服之至，在其后胡雪岩的创业过程中，他真心实意以自己掌管的钱庄的力量，为胡雪岩解决了不少难题。比如为海运局垫付漕米款项，出面为漕帮作保向钱庄借款以帮助漕帮渡过难关……

归根结底，胡雪岩不凡的气度及笼络人才的手腕，都归因于他有超过常人的度量。有了这样的度量，才能处处超过常人，不结怨仇，反收人心。回顾胡雪岩的成功历程，气量实在是一个不可轻视的因素。人不可能每时每刻都一帆风顺，总有需要别人帮忙的时候。保全别人的面子，其实也是在保全自己的面子。得理让人，给别人留一条退路，其实也是在为自己留下一条出路。

适时做个“坏人”

笔者问曰：有可能得罪人时怎么办?

胡雪岩答曰：做“坏人”要分地点、分场合。

得罪了人，往往就会被人所恨，一旦有机会，别人就有可能来报复。因此，聪明的人从来不会去直接得罪人。

蒋益澄，字萝泉，湖南湘乡人，是曾国藩的手下。平时，他的军队经常骚扰当地的百姓。清军攻陷杭州后，为保一方太平，同时也是为自己的买卖求个平安，胡雪岩答应给蒋益澄筹集10万两银子做军饷，以便让蒋约束自己的军队，不要扰民。成交之后，胡雪岩看似不经意地问蒋益澄:“萝翁的粮台在哪里?”

“浙江的总粮台，跟着左大帅在余杭；我有个小粮台在瓶窑。”“那么，藩库呢?”“藩库?”蒋益澄笑道，“藩司衙门都还不知道在不在，哪里谈得到藩库?”“藩库掌一省的收支，顶顶要紧，要尽快恢复起来。藩库的牌子一挂出去，自有借款的人上门。不然，就好像俗语说的，提着猪头，寻不着庙门。岂不耽误库收?”

蒋益澄也不知道这时候会有什么人来借款?只觉得胡雪岩的忠告极有道理，藩库应该赶快恢复。可是该如何恢复，应派什么人管库办事，却是茫然无知。于是胡雪岩又为他讲解钱庄代理公库的例规与好处。同时表示，阜康从前代理浙江藩库，如今仍愿效力；不过以前账目犹待清理，为了划清界限起见，他想另立一家钱庄，叫做“阜丰”。

“阜丰其实就是阜康，不过多挂一块招牌。外面有区分，内部是一样的，叫阜丰、阜康都可以，萝翁！”胡雪岩说，“我这样做法，完全是为了公家。阜康收进旧欠，结交阜丰，也就是结交萝翁。至于以前藩库欠人家的，看情形该付的付，该缓的缓，急公缓私，岂非大有伸缩的余地？”

“好，好！准定委托雪翁。”蒋益澄大为欣喜，“阜丰也好，阜康也好，我只认雪翁。”

“既蒙委任，我一定尽心尽力。”胡雪岩略停一下，又说，“应该解缴的10万两银子，我去筹划。看目前在杭州能凑多少现银，不足之数归我垫。为了省事，我想划一笔账，这一来粮台、藩库彼此方便。”

“这笔账怎么划法？”

“是这样，譬如说现在能凑出一半现银，我就先解了上来；另外一半，我打一张票子交到粮台，随时可以在我上海的阜丰兑现。倘或交通不便，一时不能去提现，那也不要紧，阜丰代理藩库，一切代垫，就等于缴了现银，藩库跟粮台划一笔账就可以了。垫多少扣多少，按月结账。”

听胡雪岩说得头头是道，蒋益澄只觉得这笔账怎么算，还得要细想一想才能明白。想来想去，还是有疑问：“藩库的收入呢？是不是先还你的垫款？”

“这怎么可以？”胡雪岩的身子蓦然往后一仰，靠在椅背上，不断摇头，似乎觉得他所问的这句话太出乎常情似的。光是这一个动作，就使得蒋益澄死心塌地了。他觉得胡雪岩不但诚实，而且心好，真能拿别人的利害当自己的祸福。不过太好了反不易使人相信，他深信是自己有所误会，还是问清楚的好。

“雪翁，”他很谨慎地措辞，“你的意思是，在你开给粮台的银票数目之内，你替藩库代垫，就算是你陆续兑现。至于藩库的收入，你还是照缴。是不是这话？”

“是！就是这话。”胡雪岩紧接着说，“哪怕划账已经清楚了，阜丰既然代理浙江藩库，当然要顾浙江藩司的面子，还是照垫不误。”

这一下，蒋益澄不但倾倒，简直有些感激了，拱拱手说：“一切仰仗雪翁，就请宝号代理藩库，要不要备公事给老兄？”

“萝翁是朝廷的监司大员，说出一句话，自然算数，有没有公事，在我都是无所谓的。不过为了取信于人，阜丰代理藩库，要请一张告示。”

“那方便得很！我马上叫他们办。”

“我也马上叫他们连夜预备，明天就拿告示贴出去。不过……”胡雪岩略略放低了声音，“什么款该付，什么款不该付，阜丰听命而行。请萝翁给个暗号，以便遵循。”

“给个暗号？”蒋益澄搔搔头，显得很为难似的。此时，手下的听差帮他解了围：“大人！做当家人很难，有时候要粮与饷，明知道不能给，却又不便驳，只好批示照发，粮台上也当然遵办。但实在无银无饷，就只好婉言相商。胡雪岩的意思，就是怕大人为难，先约定暗号，知道了大人的意思，就好想办法敷衍了。”

“啊，啊！”蒋益澄恍然大悟，“我懂了。我一直就为这件事伤脑筋。都是出生入死的老弟兄，何况是欠了他们的饷。你说，拿了印领来叫我批，我能不批吗？

批归批，粮台上受得了、受不了，又是另外一回事。结果呢，往往该给的没有给，不该给的倒领了去了。粮台不知有多少回跟我诉苦，甚至跳脚，我亦无可奈何。现在有这样一个‘好’让我做，‘坏人’别人去做的办法，那是太好了。该用什么暗号，请雪翁吩咐。”

“不敢当！”胡雪岩答道，“暗号要常常变换，才不会让人识透。现在我先定个简单的办法，萝翁具衔只批一个‘澄’字，阜丰全数照付；写‘益澄’二字，付一半；若是尊姓大名一起写在上头，就是‘不准’的意思，阜丰自会想办法搪塞。”

“那太好了！”蒋益澄拍着手说，“听君一席话，胜做十年官。”

主事拿主意总要得罪人，不可能面面俱到。把某些得罪人的事交给下属去做，是狡猾的上司经常采用的手段。老于世故的胡雪岩自然深谙此道。当他是“上司”的时候，就让手下人充当“坏人”；当他是“手下”的时候，又随机应变，甘当“坏人”。话说回来，胡雪岩也并没吃亏。通过争当“坏人”，他可是结结实实地在上司面前当了一把“好人”。这正是胡雪岩的精明所在。

该得罪人时就要得罪

笔者问曰：做生意是否应该永远和气生财？

胡雪岩答曰：和为贵，但该得罪人时就要得罪？

前面曾经说过，商场上的胡雪岩是个主张和为贵，轻易不得罪人的人。然而现实生活中的情况却是很多时候你不打算得罪别人，别人却打算得罪你。人不犯我，我不犯人，人若犯我，我必犯人。面对这样不知趣的冤家对头，胡雪岩主张不要轻易得罪，但该得罪时就要得罪，而且一旦得罪了，就要把事情做绝，不给对方还手的机会。胡雪岩在福州马尾湾击败卢俊辉的元昌盛钱庄，垄断马尾港码头的金融贸易，让自己的买卖陡然暴增，就是这方面的典型案例。

元昌盛钱庄是马尾湾有名的老字号，坐落在福州马尾湾岸边，依山靠水，面对浩瀚大海。经过几代人的努力，元昌盛钱庄成为了当地最有实力和名气的钱庄。有句话说得好，富不过三代。元昌盛钱庄到了卢俊辉手里，已经面临着日渐衰败的境况。

跟胡雪岩一样，卢俊辉也是苦出身，后来由于入赘到钱庄老板家当女婿，才逐渐做了元昌盛的“挡手”。这个人年轻气盛，血气方刚，有勇无谋，凭借钱庄的财力作威作福，飞扬跋息。内被伙计嫉恨，外遭同行非议，人缘非常不好。

有一天，福州钱庄同业公会例行碰头，卢俊辉前去聚会。由于他的老丈人一直是会首，众人碍着面子，只得依旧让卢俊辉以会首身份主持例会。当时正巧福建抚院给钱庄公会下文，要求各钱庄分摊朝廷新发行的“京票”，谨小慎微的钱庄老板们个个裹足不前，会场上雅雀无声。卢俊辉身为会首，理应率先认购，以身作则，带动众人。可是他也不愿意吃这个眼前亏，于是就决定在其他老板里面找个“软柿子”捏。通常情况下，带头认购的人是最不好把握尺度的。报的数目高了，其他人无法接受；报的数目低了，大家轻松，可又无法向朝廷交差。思前想后，卢俊辉决定拿胡雪岩开刀。他对胡雪岩拱手，要求对方认购 20 万两京票。

此时的胡雪岩哭笑不得，他在福建的阜康钱庄分号当时总共只有不足 10 万两存银，怎么可能认报 20 万两？一旦将来不能兑现，肯定会落下“欺逛朝廷”的大罪。胡雪岩思前想后，计上心头，决定反戈一击。他对卢俊辉说：“如果会长能认报 50 万两，敝号一定从命，不减一文。”胡雪岩的话顿时让卢俊辉愣住了。当时元昌盛的流动资金不过六七十万两，自然不敢认购如此大的数额。

眼看胡雪岩带头发难，钱庄同行们纷纷随声附和，称赞胡雪岩言之有理，卢老板身为会首，应当带头。卢俊辉被胡雪岩气得心头火起，又不好发作。经过讨价还价，最后只好认购了 20 万两。卢俊辉由此恨死了胡雪岩。

回家后的卢俊辉越想越气，忘记了自己当时嫁祸于人的初衷，反而觉得如果不是胡雪岩插那么一杠子，让自己下不了台，损失就不会如此之巨。卢俊辉决心报复阜康号。当时的钱庄同业中有个不成文的规定，各家发行的银票能够相互兑现。这种相互兑现是以信用作为保证的，如果某家钱庄濒临倒闭，失去信用，大家就会拒收这家钱庄的银票，以免造成损失。当时的阜康钱庄生意很好，可是卢俊辉为了打击胡雪岩，不顾同行默契，决定单独拒收阜康的银票，动摇胡雪岩的信用。卢俊辉觉得，阜康刚到福州，立足未稳，大家也不了解胡雪岩的底细。

来这么一手，必然可以败坏阜康的名声，使其永无出头之日。第二天，元昌盛开门不久，就有一位茶商拿着张面额5000两的阜康银票到柜上要求兑换现银。卢俊辉听说后，接过银票反复看了很久，拒收了这张银票。茶商大惊失色，卢俊辉别有用心地解释说："这两年阜康信用不佳，不得不防。"茶商拿着银票悻悻而去，听说福州新设了阜康分号，立即找上门去兴师问罪。

胡雪岩正在店内料理业务，听到门外有人吵闹。出门一看，只见茶商挥舞着一张阜康的银票，要找老板评理。胡雪岩吃了一惊，忙将茶商请入内室，好茶款待，询问缘故。茶商把卢俊辉的话重复了一遍。胡雪岩立感事态严重。他当机立断，好言安慰茶商，同时拿出5000两新铸的足色官制银锭，额外按一分二的利息加倍奉送。茶商得了便宜，也不愿意再找麻烦，还答应帮胡雪岩遮掩这件事情。

送走茶商，胡雪岩苦苦思索应对之策。他到福州开办阜康分号，原先的目的是想扩大业务，吸收福州资本，从中获益。谁知开张伊始，就遭了这记闷棍，甚至危及到阜康的根本。胡雪岩做生意，一贯主张与人为善、和气生财，通常不会挤兑同行、置人于死地。可是卢俊辉不晓得天高地厚，张牙舞爪扑了上来，胡雪岩也就只好被迫应战。

思考了半个时辰，胡雪岩就想好了应对策略。对付卢俊辉这样的毛头小子，他自信胜算在握，并没有太大的困难。在胡雪岩看来，搞垮对方的方法并不复杂，就是"以其人之道还治其人之身"。钱庄之间的竞争，争的是本钱，争的是信用，谁家存银足，便处之泰然，风雨不动；谁本小利微，便处下风守势，不堪一击。眼下胡雪岩的当务之急是要弄明白元昌盛钱庄现在的本钱到底有多少？发出的银票到底有多少？两者之间的差额怎样？这方面的情报属于钱庄的机密，是绝对不会往外透露的，然而知己知彼，百战不殆。胡雪岩决心弄到对方的机密，再作打算。

拿定主意的胡雪岩决定亲自出马，明察暗访，寻找机会。几天后，对手的情况胡雪岩已了如指掌。卢俊辉执掌钱庄大权以后，一反老丈人的稳健作风，大量发行没有保证金的银票牟取暴利。当时的元昌盛只有存银 50 万两，却开出了近百万两的银票，缺额达到四十多万两。这种经营方式非常危险，一旦发生挤兑现象，储户们把全部银票都拿到柜上兑现，元昌盛立即就要倒闭破产。幸而元昌盛牌子硬，没有人怀疑它的支付能力，也就不会发生同时挤兑的现象。卢俊辉因为有了这个底气，才敢把赌注押在钱庄的信用上，铤而走险。

得到这个重要情报的胡雪岩如获至宝。胡雪岩评估了自己的力量，当时的他手里有 70 万两现银可供支配，只要设法收集元昌盛 70 万两银票，就等于掌握了对手的命运，扼住了卢俊辉的咽喉。胡雪岩只要高兴，随时用劲一勒，对方就要呜呼哀哉！想到这里，他立刻行动，调集资金，收购元昌盛银票。一切暗中进行，有条不紊，卢俊辉被蒙在鼓里，全然不觉。

正所谓“福无双降，祸不单行”。胡雪岩收购元昌盛银票的计划还在进行，卢俊辉又做出一项加速自己破产的不明智之举。他不知道胡雪岩正在囤积自己的银票，反而觉得既然存户少有兑现，钱庄存银白白放在库中未免可惜，就取出 20 万两现银，筹办开设了一家赌场。这样一来，元昌盛库中能兑现的银子就只有 30 来万两，仅够应付日常业务，达到了非常危险的程度。

赌场开张没过两天，元昌盛柜上忽然来了一批主顾。他们手持银票，要求提现。一天之中，这些顾客就提走了 20 万两库银。卢俊辉听了伙计的报告，认为是偶然现象，并不在意。谁知第二天，更多的顾客蜂拥而至，纷纷挥舞着手中的银票要求提现。没等卢俊辉反应过来，他的库银已经被提取一空。胡雪岩精心策划的挤兑陷阱终于在元昌盛这家老钱庄门前发动了！

卢俊辉明白事态严重，连忙向同行各家钱庄告贷，请求援手支撑局面。可是他平常少年得志，飞扬跋扈惯了，人缘非常差，大家只是袖手旁观看热闹，并没有采取行动。卢俊辉思前想后，只有把店门抵押给他人，钱庄易主，才可免祸。然而同行钱庄老板谁也不愿多事，只隔岸观火，作壁上仙人。这个当口，胡雪岩翩然而至，他同卢俊辉谈妥，以接收元昌盛银票为条件，接管钱庄铺面，并当场向顾客宣布，凡是元昌盛的银票，都可以到阜康分号兑现，决不拖欠分毫。持银票的顾客大多系胡雪岩有意安排而来，听他这么一说，也就一哄而散了。一场风波，立刻云开雾散。

打发走顾客的胡雪岩随即开始接手盘点，元昌盛大到房屋家具，小到一根铁钉，都一一作价。算到后来，卢俊辉只剩一身衣服，狼狈滚出庄门。胡雪岩则名正言顺地把阜康分号搬进了元昌盛旧址，将自己的势力扩张了一倍。

学会“软硬兼施”

笔者问曰：“硬手腕”和“软刀子”到底哪个更有效？

胡雪岩答曰：刚柔并济，不要硬碰硬。

人跟人之间不可避免地会产生竞争，有了竞争，就一定会分出胜负，即使是双赢也会有利益多少之分。生意场上，没有永远的敌人。因此，懂得算计的人不会与对手硬碰，而是懂得以智谋取胜。

清代另一位“红顶商人”盛宣怀可以说是当时生意场上胡雪岩最大的对手。为了确保自己的利益，胡雪岩跟盛宣怀频频过招，斗智斗勇。与此同时，为了不与盛宣怀发生正面冲突，硬碰硬，胡雪岩打起了盛宣怀的主管官员，李鸿章的哥哥李瀚章的主意。希望通过当时任湖北总督的李瀚章来牵制盛宣怀。

有一天，胡雪岩对李瀚章说：“近来湖北煤铁总局出了乱子，李大人是否有所耳闻？”

李瀚章知道胡雪岩消息灵通，忙问：“什么事？”

胡雪岩说：“外面传闻，盛宣怀办事不力，推卸责任于矿师马利师，并逼走了马利师。”

“原来马利师是他逼走的。”李瀚章恍然大悟，“幸亏你提醒我。”

胡雪岩道：“李大人，开办煤铁矿务，充分显示了您高瞻远瞩的目光，于国于民有利，小人深表佩服。只是……为何用盛宣怀做总办？”

李瀚章叹口气说：“李鸿章大人也是一时受了蒙蔽。我等人微言轻，不如不说。”

“李大人您若不说，还有谁能判定这个奸愚呢？”胡雪岩趁机加了一句，李瀚章点点头，表示深有同感。胡雪岩见火候差不多了，又说：“李大人，盛宣怀办矿，可以说是擀面杖吹火，一窍不通。这个尚且不说，他的资金从哪里来？单凭官款和十万两商股远远不够。

李瀚章反问：“经费始终是个问题，量盛宣怀也难有更大的作为，你怎么看？”

胡雪岩道：“筹集资金之地，全国上下，莫过于上海。集上海之能人，莫过于唐廷枢、徐润。这煤铁轮船总局若能划归轮船招商局，所有问题就可以迎刃而解，也不必像现在这般挣扎在死亡线上。湖北煤铁若筹集不到资金，可以在上海筹集，也可将轮船招商局的资本暂缓扩充，用到湖北煤铁开采总局来。这个办法虽说不是十分理想，却很有效。”

胡雪岩是极会说话办事的，明明是想压盛宣怀一头，以便趁机把盛宣怀苦心经营的事业划给自己的亲信唐廷枢和徐润，但表达时每句话却都是有理有据，李瀚章如何不动心。胡雪岩一走，李瀚章思前想后，愈发不能容忍盛宣怀，当即给李鸿章修书一封，大意是说盛宣怀所领官款，使用过半，然矿务未见端倪，既于公方无涓滴之益，对于洋煤也无丝毫之损，早知有此结局，何必让盛宣怀办此事，湖北煤铁开采总局及早划归上海轮船招商局乃为正途。

李鸿章接到李瀚章的信后，着实发了火，找人质问盛宣怀，同时密责盛宣怀协调与李瀚章的关系。盛宣怀也是憋了一肚子气，但是又对李瀚章无可奈何。即使知道是胡雪岩从中作梗，也只得如此。

除了上面这个案例，还有一件事体现了胡雪岩的“软硬兼施”。上面提到的唐廷枢和徐润都是洋行买办。徐润是胡雪岩一手托起来的，如今虽然做到了宝顺洋行的买办，却始终不忘旧恩。这天，徐润在见胡雪岩时无意中提起招商局有招商入股之意。

胡雪岩听了，心中一动说：“入股好啊！我给盛宣怀写封信，以你现在的身份。不愁没有位置。”随即开始向徐润面授机宜。开了窍的徐润明白了胡雪岩的心思，说道：“我与雪翁的关系谁人不知，由我去挤盛宣怀恐怕于雪翁不利。”

胡雪岩仔细想了想，也觉不妥，只是找不出更为可靠的人来。于是徐润就为他推荐了另外一个后来在生意上对胡雪岩有很大帮助的人，这个人就是唐廷枢。胡雪岩果真给盛宣怀修书一封，极力推荐唐廷枢、徐润二人。由于这二人在上海本来就不是一般人物，加之胡雪岩的推荐，盛宣怀果然另眼相看。当时也有下属劝盛宣怀提防胡雪岩，但盛宣怀求才心切，不加考虑便接纳了胡雪岩的荐言，又向李鸿章推荐唐、徐二人，然而这也正中了胡雪岩事先筹划好的计策。

后来，在盛宣怀的极力举荐下，唐、徐都为胡雪岩的生意帝国出力不少。虽说站在盛宣怀的角度我们难免感到同情和遗憾，但有一点是肯定的，那就是商场的确如战场，与人竞争就如同历经一场战斗，随时都有被对方击败的可能。有时候，我们在面对对手的时候，不能以硬碰硬，否则会两败俱伤。在适当的时候，采取一定的策略，以柔克刚，也许会取得更好的结果。

历史上以柔克刚的例子俯拾皆是，数不胜数。如大禹治水，洪水的猛烈可谓刚之极矣，但在大禹柔性的疏导下，刚猛的洪水不见了踪影。其实，柔胜过刚的地方只有一处，就是柔更耐久。

魏国在灭掉蜀国以后，又派了羊祜去镇守襄阳，以防止东吴镇东将军陆抗的进犯。羊祜接到圣旨以后，立即整顿兵马，预备迎击敌人。

羊祜镇守襄阳以后，很受当地驻军百姓的欢迎。为了笼络人心，即便吴国投降过来的人又想回国，他都听其自便。除此之外，羊祜还减少了在边境巡逻的士兵，用来垦田种地。他刚到襄阳的时候，军队里连100天的军粮都没有。可等到年底，军粮积存得足够用上10年。羊祜在军营中，经常是身着轻便的皮衣，腰系宽宽的带子，不穿戴铠甲，身边的警卫也不过十几个人。

有一天，羊祜带领众位将领出外打猎，正巧赶上陆抗也出来打猎。羊祜命令道："我方的军队不许超过边界。"众位将领接到命令，便只在晋国（此时晋国已取代魏国）的地界内围猎，不侵犯吴国边境。陆抗见到此情此景，赞叹道："羊将军有纪律，不能够冒犯他呀！"当天晚上，各自退回自己的驻防地。

事情到这儿还不算完。羊祜回到军营后，查看猎到的禽兽，如果有被吴方先射伤的，全都送还对方。吴人自然高兴，连忙来向陆抗报告。陆抗将送还猎物的人召了进来问道:“你们的主帅能喝酒吗?”来人回答:“必须有好酒他才饮。”

陆抗笑道:“我有一斗酒,藏了很久了。现在交给你带回去,请转告羊将军,这是我陆某亲自酿造供自己饮用的,特此奉上一壶,以表达昨日出猎时以礼相待之情。”来人答应了,携酒回去。陆抗身边的人问他说:“将军送酒给他,是什么用意?”陆抗说:“他既然对我们表现出恩德,我怎么能不予以答谢?”大家都感到非常吃惊。

送还猎物的人回去见了羊祜,把陆抗的问话以及送酒的事全都报告给他。羊祜笑着问:“他也知道我善饮酒吧?”便命令当场打开酒壶取出饮用。他的部将陈元说:“其中只怕有奸诈,将军还是先别饮的好。”羊祜笑道:“陆抗哪里是给酒下毒药的人,不必疑虑。”随即一饮而尽。从此,双方使者往来,彼此互通问候。

有一天,陆抗派人去看羊祜,羊祜问:“陆将军身体好吗?”来人回答:“主帅卧病在床,好几天没有出来了。”羊祜说:“他的病大概跟我的一样。我已经制好了成药,送给陆将军服用吧。”来人带了药回去见陆抗。众将领说:“羊祜是我们的敌人,这药绝不是什么好药。”陆抗说:“羊将军怎么会毒害人呢,你们不要多疑。”说完就服用下去,第二天病便好了,众将领都表示祝贺。陆抗说:“羊祜施行恩德,我们总是施行强暴,这样他就会不战而胜我。所以我也不能甘落人后。”

由此可见,很多时候,“软刀子”的杀伤效果要比“硬手腕”更有效。

机会偏爱有准备的人

笔者问曰：对商人而言，机会重要，还是本事重要？

胡雪岩答曰：做生意要有机会，更要靠过硬的本事。

生意场上，抓住机遇的关键是要靠敏锐的眼光和快速的反应，要靠非凡的手腕牢牢抓住机会，也要靠自己的聪明智慧、商业实力，把一个个遇到的或发现的商业机会，经营成一个个实实在在的财源。因此胡雪岩才说："做生意要有机会，更要靠过硬的本事。"

有一次，胡雪岩为生丝生意逗留上海。这天，他到裕记丝栈处理生意上的事务，顺便在丝栈客房小歇。他躺在客房的藤椅上，本想静静地待一会儿，却无意中听到了隔壁房中两个人一段关于上海地产的谈话。这两个人对于洋场情况及上海地产开发方式都相当熟悉，他们谈到洋人的城市开发方式与中国人极不相同，中国人常常是先开发市面再行修路，市面起来了，走的人多了，便有了路。然而以这种方式进行市面开发，有一个很大的弱点，因为当你需要修筑道路，扩充市面的时候，道路两旁却已经被自然形成的市场摊贩挤占，无法扩展。与此相反，洋人的办法是先开路，有了路便有人到，市面自然就起来了。如今上海的市面开发就是这种办法。在谈到上面的情况之后，其中一个人这样说道："照上海滩目前的情形看，大马路、二马路，这样开下去，南北方面的热闹是看得到的；其实，向西一带，更有可为。眼光远的，趁这时候，不管它苇荡、水田，尽量买下来，等洋人的路一开到那里，乖乖，还不是坐在家里发大财。”

两个不相识的人的一番谈话，使胡雪岩一下子就躺不住了。等到跟他来上海学做生意的陈世龙一回到裕记丝栈，胡雪岩马上雇了一辆马车，让陈世龙和自己一起由泥城墙往西，去实地察看，而且在察看的路上，就拟出了两个可供选择的方案。第一，在资金允许的情况下，趁地价便宜，先买下一片，等地价上涨之后转手赚钱；第二，通过古应春的关系，先摸清洋人开发市面的计划，抢先买下洋人准备修路的地界附近的地皮，转眼之间，就可发财。

从这个案例来说，胡雪岩的确是个有心人，竟能从两个不相干的人的谈话中发现一个绝对可以赚大钱的机会。胡雪岩“进军”上海之时，正是上海开埠、开始大发展的时候。当时虽然太平军正顺江东下，试图一举占领江浙一带的富庶之地，但英、法等国为了自己的在华利益，清廷为了借助洋人对付太平军，却心照不宣地联合起来坚守上海，使当时的上海成为免受太平军炮火影响的“孤岛”。不仅如此，由于战乱，从东南各地逃难至上海租界中的人越来越多，上海市面也随之更加兴旺。事实上，这个时候正是南京路不断向前延伸的时期，也是上海历史上第一次房产生意高潮到来的前夕。到了20世纪末期，上海每亩地价已由几十两涨至2700两，其后的数年间，上海外滩的地价甚至一度高达每亩36万两白银的天文数字。这一档子买卖，为胡雪岩赚取了大笔银子。有鉴于此，要想做到成功地捕捉信息、抓住机遇，首先就必须发现信息和机遇。生活中到处充满了有用的信息和机遇。社会上的每一项活动，报刊上的每一篇文章，人际中的每一次交往，生活中的每一次转折，工作上的每一次得失等等，都可能给你带来新的感受、新的信息、新的朋友，也都可能是一次选择、一次机遇，一次引导你走向成功的契机。问题在于你自身的素质，在于你是否能发现每一次的信息和机遇。不要以为信息难捕、机遇难寻，其实信息和机遇就在我们的身边，甚至就在我们的手上。成功的人，其成功之处，就在于他能把握住人生的机遇、时代的脉搏。所谓“应运而生”“时势造英雄”，无论是“运”，还是“时势”，都不过是机遇的另一种符号。

拒绝“拖延症”

笔者问曰：慢工是否一定出细活儿？

胡雪岩答曰：想到就做。慢工绝不是说“慢慢儿”来，更不是搁置，想到就做。

胡雪岩对市场变化及走向的反应非常敏锐，并且想到了就做。因此，他在哪里都能找到发财的好机会。有一次，他为销“洋庄”走了一趟上海，在酒宴上与那位后来成为他可以生死相托的朋友古应春的一席谈话，就让他抓住了一次赚钱的机会。

古应春是一位洋行通事，也称“康白度”或“康白脱”。中国开办洋务之初，这样的通事是极要紧的人物。他们表面上主要充当的是类似今天的外事翻译的角色，但是由于身份的特殊性，在当时的“外贸”活动中，他们其实还承担着为买卖双方牵线搭桥的职能，实质上也就是后来所说的买办。所谓“康白度”或“康白脱”其实也就是英语买办（cornprador）的音译。有意思的是，咸丰、同治年间人的笔记中，也有将这个词译作“糠摆渡”的，并就中文意思加以附会解释，称买办介于华人和外商之间以促成交易，好像以糠片作摆渡之用。这种解释既指明买办居于华、洋之间的作用，又暗含讥讽。可谓歪打正着，道出了买办的职业性质。

胡雪岩要和洋人做生意，自然一定要结识这样的关键人物。于是，他刚刚来到上海，就设法托人从中介绍与古应春相识。请吃花酒是当时上海场面上往来应酬不可或缺的节目，因此便由胡雪岩做东，尤五出面，在怡情院摆了一桌以古应春为主客的花酒。酒席上，古应春谈起他自己参与的洋人与中国方面的一桩军火交易。那次，洋人开了两艘兵轮到南京下关去卖军火，本来价钱已经谈好，都要交易了，半路里来了一个人，直接与洋人接头，说是太平军有的是金银财宝，缺的是军火。洋人一听立马单方毁约，将原来议定的价格上涨了一倍多。买方需要的军火在人家手里，当然只能听人家摆布，白白让洋人占了大便宜。

古应春讲这段经历，是由于愤慨于中国人总是自己相互倾轧，以致让洋人占了便宜。可是他的这段经历，也引发了胡雪岩要尝试与洋人做一票军火生意的兴趣。在胡雪岩看来，当时有两个情况决定了这笔军火生意可做，并且一定可以做成功。

第一，当时上海正闹小刀会，胡雪岩认为，兵马未动，粮草先行，可以先备下一批军火，官兵一到，就可以派上用场。第二，此时，浙江为地方自保，正在办团练，也就是组织地方武装，办团练自然少不了枪支火药。

事情一旦想到，就要立即着手进行，这是胡雪岩惯有的作风。请古应春吃花酒的当晚，酒宴散后已是子夜，胡雪岩却依然不肯休息，而是留下尤五商谈与古应春联手同洋人做军火生意的事宜，甚至将怎样购进、走哪条路线运抵杭州、路上如何保障军火安全等都考虑到了。第二天，他又约来古应春，细致商定。第三天，胡雪岩就和古应春一道会见了洋商，谈妥了军火购进事宜。从动起做军火生意的念头到此时，不到72个小时，这笔生意就让胡雪岩做成了。

只要发现是财源，甚至只要产生一个念头，就立即去付诸实践，这就是反应迅速，敢想敢干。市场出现的各种具体情况以及变化，对于生意人来说常常既是挑战也是机会。只有及时针对具体市场情况做出迅速反应，才能不断地为自己开辟新的经营渠道，为自己开拓出新的财源。这恰恰是生意人应当大动脑筋的地方。胡雪岩正是凭这种“想到做到”的精神，推动着胡氏家业迅速发展。世上最愚笨的商人是那些遇事举棋不定、犹豫不决的人，他们永远只能做一些小生意，不会赚到大钱。成功的商人在机遇面前就该有当机立断、乘机而动的魄力，这样才能捕捉到赚钱的大好机会，领先同行，在竞争中立于不败之地。

闻名全国的安庆“胡玉美酱园”的老板胡玉美能把一个平

常生意做得红红火火，就是得益于他发现商机后迅速决断的能力。清代中叶，安庆古城是长江的重要鱼虾产区，当时那里出产的鱼虾特别多，人们除了煎煮之外没有更多新鲜的吃法，因此消费量有限，鱼虾的价格十分低廉。胡玉美的本行是经营“蚕豆辣酱”的，他的脑筋比别人动得多、动得快，在别人对着满船便宜鱼虾无动于衷的时候，他却发现了其中可资利用的赚钱机会。

发现商机后的胡玉美用低价大量收购虾子，制成“虾子腐乳”，再高价出售。独家生意，利市十倍。别人“徒有羡慕之情”，只怨自己的脑子没他转得快、转得活。虾子腐乳推出后不久，胡玉美更加注意观察市面，以求捕捉商机，再做几桩独家生意。他发现长江的航运越来越繁荣，安庆已成为重要的鱼虾码头，每年都有大量鱼虾在这里上岸，然后运往外地。鱼虾一多，如果天气再一热的话，就极易变质，鱼贩们就要亏本。眼明手快的胡玉美看准这一点后，立马买来制冰机建立造冰厂，大量生产冰块。由于这些冰能够帮助解决冷藏保鲜问题，使鱼贩们的生意更保险，冰块自然供不应求，这又让胡玉美稳稳当当地赚了不少钱。

胡玉美酱园在当地声誉日隆，一个浙江商人心里很不服气，准备也在安庆开个酱园与胡玉美比个高低，而且店址就挑在胡玉美酱园的隔壁，要在胡玉美眼皮底下争生意。面对对方咄咄逼人的攻势，胡玉美立即组织反击。他探听到这位浙江商人只是和隔壁的房东谈妥了价格，还没来得及付款，于是就连夜找到隔壁房东，果断地出高价把隔壁的铺面抢到手，使得迟到一步的浙江商人只能望洋兴叹。俗话说“先下米的先吃饭”，先人一步就能胜人一筹。

要想做生意赚大钱，就应该有这种当机立断的魄力，这是每一个成功商人必备的素质之一。当然，这种当机立断的魄力绝不等同于随意决断，决断也需建立在冷静思考和正确判断的基础上，否则是赚不到钱的。真正意义上的决断力，是从当前的情势中萌生并不断培育出的，以稳健的心态去果断行动，这样就能抓住机遇，增加赚钱的把握。商场之上，有勇，更要有谋。